Jo-Jo

Lesebuch 3

Erarbeitet von

Katja Eder

Silke Fokken

Tanja Glatz

Manuela Hantschel

Nicola Kiwitt

Cornelsen

Inhalt

Miteinander

Anna, genannt Humpelhexe

Sieben Hasensprünge hinter dem Ende
der Welt, in einem Wald, wo die Kiefern
weiße Blätter und Birken schwarze Nadeln
tragen, liegt heute noch eine Hexenschule.
5 In diese Hexenschule ging auch Anna
Humpelbein.

Eigentlich hieß sie ja nur Anna, aber weil
ihr rechtes Bein länger als das linke und
ihr linkes Bein kürzer als das rechte war,
10 nannten sie ihre Mitschüler und Lehrer eben
Anna Humpelbein.

4

Dieser Name verdross das Hexen-
mädchen, und noch mehr verdross
sie, dass die gleichbeinigen Hexen-
15 kinder sie wegen ihres Humpelns
verspotteten.

Am meisten aber ärgerte sie sich,
dass auch ihre Mutter, die berühmte
Hexe Rapunzel, ihr riet, zum Hexen-
20 doktor zu gehen und sich das ein
wenig längere Bein ein wenig kürzer
hobeln zu lassen.
„Es tut gar nicht weh", sagte die
Hexe Rapunzel. „Ich gebe dir einen
25 Zauber mit, da wirst du schlafen
und etwas Liebliches träumen, vom
schwarzen Wildschwein oder so.

Und wenn du aufwachst, hast du
zwei gleiche Beine, wie die anderen
30 Hexenkinder auch."

Aber Anna wollte nicht.
„Es ist mein Bein", sagte sie, „davon
geb ich nichts her, das ist alles Anna.
Ich habe nun mal zwei verschiedene
35 Beine, da muss ich eben was daraus
machen. Diese Gleichbeiner mögen
ruhig spotten. Am besten lacht,
wer zuletzt lacht!"

Text: Franz Fühmann
Bilder: Jacky Gleich

Wie kann die Geschichte
weitergehen?
Betrachte auch die Bilder.

Diesen Text kannst du
auch „einfach lesen".

Fühlen

Der kleine Umweg

Dein Schulweg
ist schöner als meiner.

macht mir nichts aus.

Wenn du morgen
auf mich wartest,
gehe ich mit dir.

Manfred Mai

Schreibe einen
Wunschstundenplan.

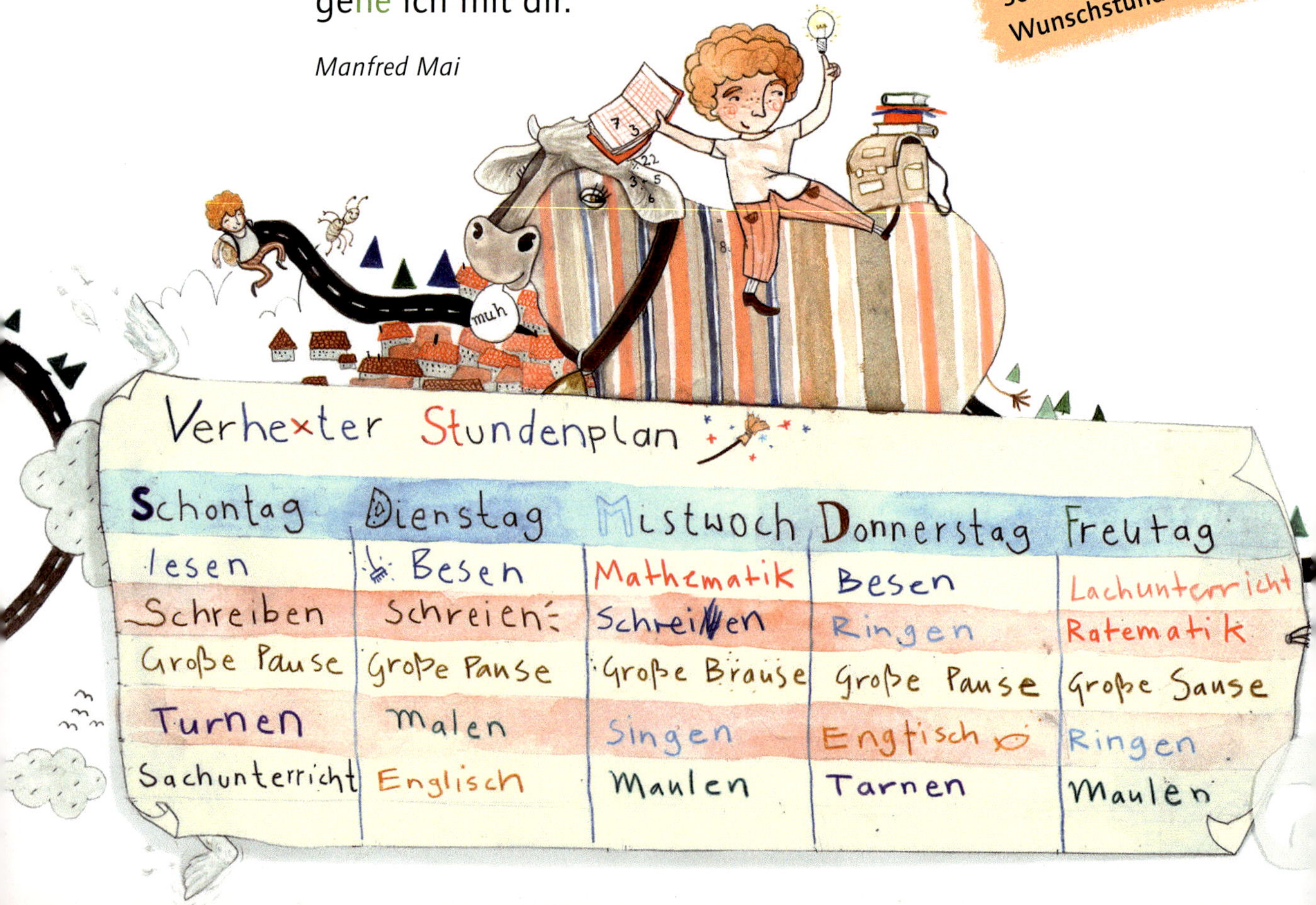

Verhexter Stundenplan

Schontag	Dienstag	Mistwoch	Donnerstag	Freutag
lesen	Besen	Mathematik	Besen	Lachunterricht
Schreiben	Schreien	Schreiben	Ringen	Ratematik
Große Pause	Große Pause	Große Brause	Große Pause	Große Sause
Turnen	malen	Singen	Engtisch	Ringen
Sachunterricht	Englisch	Maulen	Tarnen	Maulen

Drachenjagen

Bildet zwei Gruppen. Stellt euch hintereinander auf
und haltet euch an den Hüften fest. Das letzte Kind
in der Reihe ist der Drachenschwanz.
Es steckt sich ein Tuch in die Hosentasche.
Nun versucht der Drachenkopf das Tuch
des anderen Drachens zu erwischen.
Dabei darf der Drache nicht auseinanderreißen!
Gewonnen hat der Drache, der das Tuch
des anderen erwischt hat.

Was ist das?

Ich geb es dir
und trotzdem bleibt es hier bei mir!

Paul Maar

Rate mal,
wer trifft sich hier?

Ein F ist allein,
lädt das R zu sich ein.
Noch ein E kommt hinzu,
kurz danach auch das U.
Steht ein N vor dem Haus,
holt die Vier zu sich raus.
Meint das mitgebrachte D:
„Kommt, wir gehen zum E!"

Regina Schwarz

Mich bekommst du
in der Schule.

Mich findest du
in Liederbüchern.

Der Neue

Rollen: *Erzähler*, *Betül*, *Lian*, *Tim*, *Schulglocke*, *Frau Kolde*, *Harry*

Erzähler: Es ist große Pause. Betül hat wichtige Neuigkeiten.

Betül: Gleich kommt ein Neuer zu uns. Er ist ganz klein und total dick!

Lian: Woher weißt du das?

Betül: Aus dem Lehrerzimmer. Die Tür stand offen. Frau Kolde hat mit dem Direktor über ihn gesprochen.

Tim: Du meinst unsere Klassenlehrerin Frau Kolde?

Betül: Ja, und ich hab noch viel mehr gehört.

Tim: Her damit.

Betül: Der Neue kommt nur zu Besuch! Seine Nase ist platt wie ein Brett. Wie er auf uns reagiert, ist nicht sicher. Aber gefährlich ist er nicht.

Lian: Wieso sollte ein neuer Schüler auch gefährlich sein?

Betül: Weiß ich auch nicht. Und wisst ihr was? Da ist etwas, das ist noch seltsamer …

Lian:	Nun sag schon!
Betül:	Der Neue soll sich kuschelig anfühlen.
Tim:	KUSCHELIG?!
Betül:	Jawohl. Weich wie eine Schmusedecke. Hat Frau Kolde selbst gesagt.
Lian:	Vielleicht ist der Neue ein Zirkusclown. Ein Clown mit einem Kuschelfell!
Tim:	Oder ein Boxerkind mit einer Schmusedecke!
Schulglocke:	DRRRIIINNG!
Erzähler:	Die Kinder stürmen ins Klassenzimmer. Alle starren auf die Tür. Kurz darauf tritt Frau Kolde ein. Es ist ganz still in der Klasse. Dann schnauft jemand laut. Er ist ganz klein und total dick und seine Nase ist platt. Trotzdem sieht er so kuschelig aus wie eine Schmusedecke.
Frau Kolde:	Hallo Kinder! Das ist Harry, mein Mops.
Harry:	Wauwauuuu.

nach Martin Klein

Versucht es mal: Nehmt den Text als Hörspiel auf.

Miss Braitwhistle steht kopf

Die Frau sah freundlich aus und auch wieder nicht. Sie sah jung aus und auch wieder nicht. Sie war unsere neue Lehrerin.

5 Herr Fischli hat gesagt: „Darf ich euch Miss Braitwhistle vorstellen? Sie kommt aus England."

„Wie heißt die?", hat Annalisa gefragt. „Bratwiesel?"

10 „Bratwiesel!", sagte Miss Braitwhistle abfällig. „Wasch dir die Ohren, my dear, oder hast du noch nie gehort von William Arthur Brandon Braitwhistle?"

15 Sie schien ein Problem mit dem Ö zu haben.

„Sir William Arthur Brandon Braitwhistle hat erfunden die heiße Wasserflasche."

20 Wir wussten nicht, was eine heiße Wasserflasche sein sollte. Aber Clemens, der von uns allen der Klügste ist, hat sich gemeldet. „Meinen Sie eine Wärmflasche?"

25 „Warme Flasche, genau!" Sie schien ein Problem mit dem Ä zu haben.

Schon wieder ging die Tür auf. „Ich bin Herr Wühlisch, der
30 Schulinspektor. Welches Fach unterrichten Sie gerade, Miss äh …?"
Miss Braitwhistle schaute uns an. „Was haben wir jetzt?"
35 Hugo riss den Arm hoch. „Biologie!"
„Biology, sehr gut. Und welches Thema habt ihr in der letzten Stunde gemacht?"
40 „Blut!", schrie Hugo. „Wir haben Blut gemacht!"
„Ihr habt Blut gemacht?", fragte Miss Braitwhistle.
Der Inspektor von der Schulpolizei
45 räusperte sich.
„Ich glaube, die Kinder meinen den Blutkreislauf, Miss äh …"
„Well", sagte Miss Braitwhistle. „Wer mir kann erklaren die
50 Kreislauf von das Blut?"
Natürlich hat sich Hugo gemeldet. Er weiß immer mehr. Denkt er. „Blut ist eine Flüssigkeit und Flüssigkeiten fließen von oben
55 nach unten."

„Das heißt, du hast kein Blut in deine Kopf, sondern in deine Fuße", sagte Miss Braitwhistle. Wir haben natürlich alle gelacht, und Hugo

60 hat einen roten Kopf bekommen, also hatte er da doch Blut drin.

„Blut transportiert Sauerstoff, und den braucht man zum Denken", hat Clemens gemeint.

65 „Perfect!", hat Miss Braitwhistle gesagt, und plötzlich war sie weg. Also nicht richtig weg, nur ihr Kopf war weg. Und da, wo vorher ihr Kopf gewesen ist, waren jetzt ihre

70 Füße. Miss Braitwhistle stand kopf.

„Das macht klare Gedanken", sagte sie. „Come on! Ihr auch, los!"

Es sah lustig aus, wie wir da alle verkehrt herum in der Klasse

75 standen.

„Mir wird schlecht!" Max rülpste einen auf-dem-Kopf-stehenden Rülpser, der sehr komisch klang. In diesem Moment klingelte es

80 zur Pause.

„Das war ja eine unterhaltsame Stunde", sagte der Inspektor zu Miss Braitwhistle. „Die Welt sieht wirklich anders aus, wenn man

85 auf dem Kopf steht. Das sollte ich in Zukunft vielleicht mal öfter tun."

Sabine Ludwig

11

Deutsch ist schwer

Deutsch ist schwer.
Das kann ich beweisen,
bitte sehr!
Herr Maus heißt zum Beispiel Mäuserich.
5 Herr Laus aber keineswegs Läuserich.
Herr Ziege heißt Bock,
aber Herr Fliege nicht Flock.
Frau Hahn heißt Henne,
aber Frau Schwan nicht Schwenne.
10 Frau Pferd heißt Stute,
Frau Truthahn Pute,
und vom Schwein die Frau
heißt Sau.
Und die Kleinen sind Ferkel.
15 Ob ich mir das merkel?
Und Herr Kuh ist gar ein doppeltes Tier,
heißt Ochs oder Stier,
und alle zusammen sind Rinder.
Aber die Kinder
20 sind Kälber!
Na, bitte sehr,
sagt doch selber:
Ist Deutsch nicht schwer?

Mira Lobe

> Wie viele Tiere
> gibt es hier?

Das Bauchweh

Einmal hab ich Bauchweh gehabt. Das Bauchweh war
die Arbeit, die wir an dem Tag, an dem ich Bauchweh bekam,
schreiben sollten. Als ich morgens aufwachte, hatte ich schon
ein leises Grummeln im Magen.

5 „Ich habe Bauchweh", habe ich zu meiner Mutter gesagt.
„Schreibst du eine Arbeit heute?", hat sie mich gefragt.
Ich kann nicht lügen, höchstens mal ein bisschen flunkern.
Aber dann kriege ich auch schon wieder Bauchweh.
Also lasse ich das lieber sein. Dann schon lieber Bauchweh,

10 weil ich irgendeine Arbeit schreibe.

„Ja, aber ich habe wirklich Bauchweh!", habe ich zu
meiner Mutter gesagt. Da hat sie mir eine Entschuldigung
geschrieben. Ich bin nicht zur Schule gegangen. Mutter hat gesagt,
dass ich zu Hause bleiben soll, und sie hat mir eine Suppe gemacht

15 und mit mir geübt.

Als ich am nächsten Morgen zur Schule gegangen bin,
hab ich kein Bauchweh mehr gehabt. Der Lehrer war
auch krank gewesen. Dann hat er die Arbeit mit uns allen
nachgeschrieben und ich habe nur wenige Fehler gemacht.

20 Seitdem hab ich kein Bauchweh mehr vor einer Arbeit. Mutter sagt,
auch Bauchweh muss man mal haben. Man muss nur wissen, warum.

Nasrin Siege

Rezepte gegen Bauchweh

Ein bisschen mit Mama oder Papa kuscheln
Eine Geschichte vorgelesen bekommen
Ein großes Eis essen
Ein bisschen fernsehen
Draußen mit Freunden toben
Jemand sagt: Ich mag dich!

Und was tust du
gegen Bauchweh?

Du bist da,
und ich bin hier

Du bist da,
und ich bin hier.

Du bist Pflanze,
ich bin Tier.

5 Du bist Riese,
ich bin Zwerg.

Du bist Tal,
und ich bin Berg.

Du bist leicht,
10 und ich bin schwer.

Du bist voll,
und ich bin leer.

Du bist einsam,
ich allein.

15 Komm, wir wollen
Freunde sein.

Frantz Wittkamp

Freunde hören sich zu.

Wann Freunde wichtig sind

Freunde sind wichtig zum Sandburgenbauen.
Freunde sind wichtig, wenn andre dich hauen.
Freunde sind wichtig zum Schneckenhaussuchen.
Freunde sind wichtig zum Essen von Kuchen.
Vormittags, abends, im Freien, im Zimmer ...
Wann Freunde wichtig sind? Eigentlich immer!

Georg Bydlinski

Keine Freundschaft

Der Bleistift
mag den Spitzer nicht.
Den findet er gemein.
Der gönnt ihm seine Größe nicht
und spitzt ihn klitzeklein.

Regina Schwarz

Was meinst du dazu?

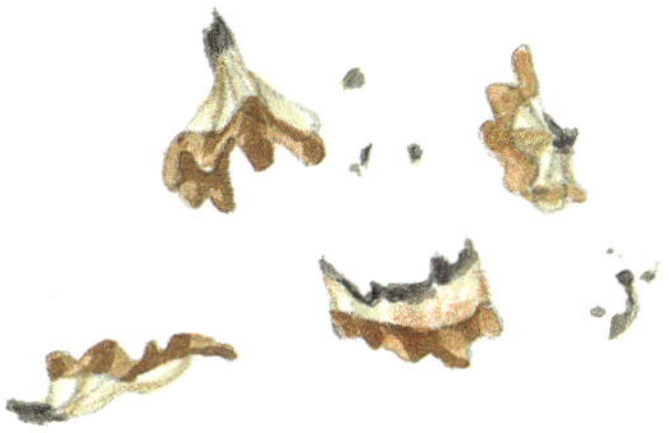

Zwei Stifte

Ein Bleistift und ein Farbstift stritten sich,
wer von ihnen wichtiger sei.
Um zu zeigen, was er konnte, zeichnete der Bleistift
ein Ruderboot, ein Segelschiff, ein Floß, ein Kanu,
5 einen Dampfer.

Der Farbstift, der ein Blaustift war, malte ein Meer
nach dem andern.

Als die beiden müde, durstig und fast stumpf
geworden waren, sagte der Farbstift:
10 „Zeichne mir ein Glas, lieber Bleistift, damit ich
mein Wasser hineinmalen kann."
„Hast du etwas dagegen, wenn ich zwei Gläser
zeichne?", fragte der Bleistift.

Jürg Schubiger

Kennt ihr auch
solche Situationen
in der Schule?
Was macht ihr dann?

Jagd auf Lucas

Alle Mädchen in meiner Klasse mögen Lucas. Auf dem Pausenhof jagen wir hinter ihm her. Wir hören erst auf, wenn wir ihn kriegen. Einmal hat Sophie ihn geküsst. Lucas hat sich das Gesicht abgewischt und gesagt: „Igitt!" Sophie musste so lachen, dass sie ihr Asthma-
5 spray brauchte.

Beim Abendessen fragte mein kleiner Bruder Luis:
„Warum jagst du Lucas immer auf dem Schulhof?"
„Woher weißt du davon?", erwiderte ich.
„Das weiß jeder", sagte er.
10 „Findet Lucas es schön, wenn er gejagt wird?", fragte Mama.
„Er tut so, als fände er es nicht schön", sagte ich.
„Bist du sicher, dass er nur so tut?", hakte Mama nach.
„Klar tut er nur so", versicherte ich ihr.
„Sie ist nicht die Einzige, die ihn jagt", erklärte der Nervzwerg Luis.
15 Ich schaute Mama an und versuchte es ihr zu erklären.
„Das ist ein Spiel. Wenn der Nervzwerg in der dritten Klasse wäre, würde er es kapieren. Aber er ist halt nur ein Erste-Klasse-Baby."
„Ich bin kein Baby!", schrie der Nervzwerg.
„Kinder", sagte Mama. „Beim Essen wird nicht gestritten."

20 Am nächsten Morgen, als wir aus dem Schulbus stiegen, sahen wir Lucas.
Emily schlich sich von hinten an ihn ran und hob ihn in die Luft.
„Lass mich runter!", brüllte Lucas.
„Erst wenn du Amanda erlaubst, dich zu küssen", sagte Emily.

Emily ließ ihn erst los, als er sagte: „Okay, okay ...

25 Amanda darf mich küssen."

„Nein danke", sagte ich zu Emily. „Du kannst ihn küssen."

Ich lief langsam weiter.

„Warte!", rief Lucas. „Mir ist lieber, wenn Amanda es macht."

Ich drehte mich um. Die anderen Kinder fingen an zu singen:

30 „Lucas und Amanda sitzen im Gebüsch

und k ü s s e n sich.

Erst sind sie verliebt, dann sind sie verlobt,

und dann kommt der Klapperklapperstorch."

Ich hasse dieses blöde Lied wie die Pest! Ich lief einfach weiter.

35 Dann drehte ich mich kurz um und sah gerade noch, wie Marika

Lucas küsste. Lucas wischte sich den Kuss vom Gesicht

und rannte los, um mich einzuholen.

„Warum wolltest du mich denn nicht küssen?", fragte er.

„Ich dachte, du magst mich."

40 „Ich mag es, dich zu *jagen*", sagte ich.

„Ist doch das Gleiche."

„Nein, ist es nicht."

Beim Abendessen verkündete der Nervzwerg:

„Amanda heiratet Lucas!" Er fing an, *„Amanda und Lucas*

45 *sitzen im Gebüsch"* zu singen.

„Hör auf!", schrie ich.

„Kinder", sagte Papa, „Schluss jetzt mit dem Thema."

Judy Blume

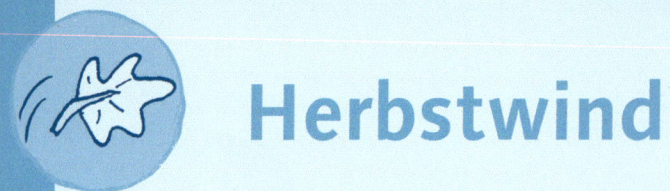

Herbstwind

Zehn Blätter fliegen davon

Zehn Blätter sind am Zweig
einer Weide gewachsen.
Doch jetzt sitzen sie schon ganz lose,
denn es ist Herbst geworden.

5 Da kommt ein Sturmwind.
Er reißt die Blätter vom Zweig und trägt sie fort.

Ein Blatt fällt in einen Bach.
Das ist die Rettung für eine Heuschrecke,
die auch ins Wasser gefallen ist.

10 Ein weiteres Blatt landet
auf einem Parkweg.
Eine Frau, die beim Spazieren
kein Papier dabeihat,
schreibt eine Telefonnummer
15 auf das Blatt.

Ein Blatt wird zum Segel eines schnellen Bootes.

Ein Blatt fällt zwischen dürre Zweige und Äste.
Eine Familie sammelt Holz
und macht ein Feuer, um Würste zu braten.
20 Dabei verbrennt auch das Blatt.

Ein Blatt fliegt nicht weit.
Es fällt auf den Boden, gleich unter der Weide.
Käfer und winzige Bodentiere knabbern an ihm.
Schließlich zieht ein Regenwurm das Blatt
25 in die Erde und frisst es auf.
Der Kot, den er später hinten aus sich
herausdrückt, ist Dünger für die Weide.

Text und Bilder: Anne Möller

Dieses Buch gibt es auch
in anderen Sprachen.
Erkennst du sie?

Der Fuchs und die Weintrauben

Der Fuchs sah an einem Weinstock reife Trauben
und hätte sie gern verzehrt; aber obwohl sie ihm
vor den Augen hingen, konnte er sie nicht erreichen.
Eine Maus hatte ihm zugesehen und sprach lächelnd:
„Davon bekommst du nichts!"
Der Fuchs wollte sich aber vor der Maus nicht klein
zeigen und meinte: „Sie sind mir noch zu sauer!"

Äsop

Welches Laub fällt nicht im
Herbst von den Bäumen?

Mich bekommst
du, wenn dir kalt ist.
Oder wenn du
dich gruselst!

Ich gehöre zu
einem Schnattertier
und bin mit Federn
bedeckt.

Herbst

Wenn unter der Decke
aus leichten Blättern
die Erde zu schlafen beginnt,
wenn die Vögel
5 nicht mehr singen,
wenn hier und da
Regenschirme aufspringen,

wenn man jemanden husten hört,
wenn ein Kind
10 nicht mehr barfuß läuft,
dann ist Herbst.

Roberto Piumini

Wann ist für dich Herbst?

Warum verlieren Bäume ihre Blätter?

Würden Bäume ihre Blätter im
Winter behalten, müssten viele
verdursten. Warum? Im Sommer
verdunstet ein alter Baum täglich
5 bis zu 600 Liter Wasser über die
Blätter. Schon im Herbst ist es
für die Bäume schwierig, mit ihren
Wurzeln genügend Wasser
aufzusaugen.

10 Die kürzer werdenden Tage geben
den Bäumen das Signal, nun ihre
Blätter zu verfärben und
abzuwerfen. Deshalb tragen
Laubbäume, die von Straßen-
15 laternen beleuchtet werden,
ihre Blätter im Herbst viel länger.
Achte einmal darauf!

Bärbel Oftring

Herzlich willkommen, Blätter!

GANZ RUHIG! NUR KEINE ANGST! DU WIRST SEHEN, VIELE DEINER FREUNDE SIND HIER...

DIE BLÄTTER **BRAUCHEN** MICH! ICH HELFE IHNEN DURCH EINE SEHR SCHWIERIGE PHASE IN IHREM LEBEN!

WENN EIN BLATT VOM BAUM FÄLLT, IST ES AUF SICH ALLEIN GESTELLT. WIE JEMAND, DER SEINE HEIMAT VERLÄSST UND IN EINE FREMDE STADT ZIEHT.

ICH BIN SO EINE ART BEGRÜSSUNGSKOMITEE FÜR BLÄTTER!

Charles M. Schulz

Wie begrüßt du ein Blatt?

Allee im Herbst

Die Bäume senden Luftpostbriefe.
Langsam schweben sie zu Boden.
Wer sie sieht, versteht die Botschaft:
Winter kommt bald.

Georg Bydlinski

Herbstwind und Sonne

Herbst war's. Mal schien die Sonne, mal regnete es,
mal blies ein kalter Wind. Gegen dies wechselhafte Wetter
hatte sich ein Wanderer dick vermummt.

„Der hat sich gut vorgesehen", sagte der Wind, „aber er
5 hat nicht an mich gedacht! Wenn ich kräftig puste,
hält kein Knopf, ja der ganze Mantel fliegt davon."
„Gut, wetten wir", sagte die Sonne. „Wer's von uns zweien
zuerst schafft, dass der Wandersmann ohne Mantel geht,
soll Sieger sein. Beginne du."

10 Der Wind bläht sich wie ein Ballon, schiebt Wolken
vor die Sonne, pfeift, faucht und stürmt. Er packt
den Mantel an Falten und Kragen, doch der Mann
wickelt sich nur umso fester in ihn ein.
Ziegel krachen von den Dächern, Boote kentern,
15 Bäume stürzen – der Mantel hält.

Jetzt zerteilt die Sonne das schwarze Wolkenmeer,
sie strahlt und wärmt.
Dem Wanderer in seinem schweren Mantel wird's zu heiß;
er zieht ihn aus, noch ehe die Sonne ihre ganze Kraft
20 entfaltet hat.

So bewirkt Milde oft mehr als rohe Gewalt.

nach La Fontaine

Geistertipps

Gerade in der Dämmerung, die ja immer früher beginnt,
lässt es sich im Spätherbst herrlich im Garten spuken.
Hier ein paar Tipps für den gigagruseligen Gespensterauftritt:

Der Klassiker ist zu Recht das weiße Betttuch mit schwarz
5 aufgemaltem Geistergesicht. Noch viel gruseliger siehst du
aus, wenn du einen Helm anziehst und das Bettlaken
überwirfst.

Du kannst auch mal die Variante „Kopf unterm Arm"
versuchen. Du malst einfach ein Gesicht auf einen Luftballon,
10 setzt ihm eine Mütze auf und klemmst ihn dir unter den Arm.

Außer schauerlichem Hu-Hu solltest du auch noch andere
unheimliche Geräusche machen können. Trainiere eine
besonders gemeine Lache oder nimm aus der Küche einen
Geräuschmacher wie den Schneebesen, Reibe und Löffel mit.

15 Du kannst dir auch einen gruseligen, schlurfenden Gang
aneignen – wenn du schon nicht schweben kannst …

Für noch mehr Gänsehaut kannst du künstlichen Nebel
erzeugen. Dafür muss es draußen aber richtig kalt sein.
Nimm einfach eine Schüssel mit warmem Wasser in die Kälte
20 mit raus: Gruseliger Nebel steigt auf.

Luise Wiese

Probiere einmal einen
Taschenlampen-Grusel aus!

Zapfen untersuchen

Suche im Herbst oder Winter nach einer Stelle, wo Fichten
stehen. Diese erkennst du an den spitzen Nadeln und
den herabhängenden Zapfen.

Halte am Boden nach angefressenen Zapfen Ausschau.
5 An manchen Stellen kannst du besonders viele aufsammeln:
Nun kannst du herausfinden, ob du den Futterplatz
von einem Eichhörnchen, einem Specht oder
einer Maus gefunden hast.

Unter den Schuppen der Fichtenzapfen liegen die Samen,
10 die von Eichhörnchen, Mäusen und Spechten gefressen
werden. Jedes dieser Tiere hat seine eigene Technik.

Eichhörnchen reißen die Schuppen ab, sodass du
am Zapfen nur noch kurze Fasern entdecken kannst.

Mäuse nagen jede Schuppe einzeln ab und
15 lassen nur die innere Spindel des Zapfens stehen.

Spechte hacken die harten Schuppen auf und
hinterlassen einen ziemlich zerrupften Zapfen.

Bärbel Oftring

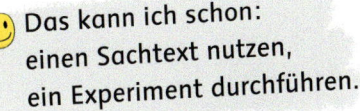
Das kann ich schon:
einen Sachtext nutzen,
ein Experiment durchführen.

Warum es keine Weihnachtslärche gibt

		Rollen
Alle Bäume:	Herbst, was hast du uns mitgebracht?	Erzähler
		Herbst
Herbst:	Mitgebracht?	Winter
		Wind
Ahorn:	Die andern haben uns	Birnbaum
	die herrlichsten Dinge geschenkt!	Kirschbaum
		Pflaumenbaum
Eiche:	Der Frühling hat uns allen	Apfelbaum
	grüne Kleider gegeben!	Fichte
		Kastanie
Birnbaum, Kirschbaum, Pflaumenbaum:		Birke
	Dazu hat er uns mit schneeweißen	Lärche
	Blüten überschüttet!	Eiche
		Tanne
Kastanie:	Mir hat er auf jeden Zweig	Ahorn
	prächtige Blütenkerzen gesteckt!	

Alle Bäume: Und der Sommer hat uns Früchte gegeben!

Pflaumenbaum: Mich hat er mit blauen Kugeln behängt!

Kirschbaum: Mich mit wunderhübschen roten!

Birnbaum, Apfelbaum:
              Uns hat er große, saftige Früchte beschert!

Erzähler: Die Bäume konnten nicht genug
              den Frühling und den Sommer loben.

Alle Bäume: Und du, Herbst, du nimmst uns die Früchte!
              Und was gibst du uns dafür?

Herbst:	Ich habe nichts mitgebracht. Ich kann euch nichts geben. Ihr habt eure grünen Kleider noch, seid zufrieden!
Alle Bäume:	Ach, unsere grünen Kleider.
Eiche:	An denen haben wir uns doch schon längst sattgesehen.
Birke:	Kannst du uns nicht wenigstens die Kleider färben?
Alle Bäume:	Ja, Herbst, du musst uns die Kleider färben!
Kirschbaum:	Ich wünsche mir ein rotes Kleid!
Eiche:	Ich ein braunes!
Tanne:	Ich ein violettes!
Lärche:	Ich ein ockerfarbenes!
Ahorn:	Ich ein buntes!
Herbst:	Ich würde euch gerne den Gefallen tun. Aber was würde der Winter dazu sagen? Alles Buntscheckige ist ihm verhasst.
Fichte:	Der Winter hat bestimmt nichts dagegen.
Herbst:	Wir können ihn ja fragen. Wind, lauf zum Winter und frag ihn.
Erzähler:	Und der Wind lief durch die Straßen der Dörfer und Städte. Keuchend kehrte er zurück.

Wind:	Der Winter droht, allen Bäumen den Kragen umzudrehen, wenn er jeden in einem andersfarbigen Kleid vorfindet.
Erzähler:	Die Bäume steckten die Köpfe zusammen. Schließlich machten sie dem Herbst einen Vorschlag.
Ahorn:	Gib unsern Blättern und Nadeln schöne Farben! Wir werfen sie ab, ehe der Winter kommt.
Herbst:	Dann steht ihr ja alle kahl da, wenn der Winter kommt. Ob er damit einverstanden sein wird? Lauf, Wind, und frage ihn!
Erzähler:	Der Wind stöhnte. Noch einmal musste er den weiten Weg machen. Als er beim Winter ankam, erzählte er ihm alles.
Winter:	Meinetwegen. Wenn den Bäumen so viel an bunten Kleidern gelegen ist, sollen sie ihre Freude haben! Aber ein Teil von ihnen muss grün bleiben. Wind, höre gut zu: Die Laubbäume können sich ihr Laub vom Herbst färben lassen. Die vier Nadelbäume aber müssen grün bleiben!
Erzähler:	Der Wind nahm sich vor, die Botschaft genau auszurichten. Als er zurückkam, rief er sogleich:
Wind:	Fichten, Tannen, Kiefern, Föhren, ihr vier habt mir zuzuhören! Bleibet grün, so wie ihr seid, grün, grün, grasgrün allezeit! Dieses muss ich euch berichten, Tannen, Kiefern, Föhren, Fichten!

Erzähler:	Der Wind war überzeugt, seine Sache gut gemacht zu haben. Dann kam der Winter und sein Gesicht verfinsterte sich. Die Lärche stand mit kahlen Zweigen da. Unter ihr lagen ockerfarbene Nadeln verstreut.
Winter:	Wind, was habe ich dir aufgetragen?
Wind:	Aber, ich habe doch allen vier Nadelbäumen befohlen, der Fichte, der Tanne, der Kiefer, der Föhre …
Winter:	Und was ist mit der Lärche?
Erzähler:	Da ging dem Wind ein Licht auf: Er hatte die Kiefer, die auch Föhre heißt, zweimal genannt und die Lärche vergessen. Ja, hätte der Wind damals nicht diesen Fehler gemacht, könnten wir uns als Weihnachtsbaum eine Lärche ins Zimmer holen.

nach Josef Guggenmos

Es wächst und grünt

Der neugierige Garten

Es war einmal eine Stadt ohne
Gärten, ohne Bäume, ja gänzlich
ohne das kleinste bisschen Gras.
Die Menschen verbrachten
5 die meiste Zeit in ihren Häusern.
Wie man sich vorstellen kann, war
das ein ganz und gar trostloser Ort.
Aber es gab da einen Jungen,
der liebend gerne draußen war.

10 Er spazierte mal wieder unter
der alten Hochbahn umher, als ihm
düstere Stufen ins Auge fielen,
die zu den Gleisen hinaufführten.
Züge fuhren hier schon seit vielen
15 Jahren nicht mehr.

Liam sprang die Stufen empor,
stemmte sich gegen die Tür und
trat hinaus auf die Gleise der alten
Eisenbahn. Gleich fiel ihm ein
20 einsames buntes Fleckchen auf.
Mit Wildblumen und Pflanzen
hatte er da oben am allerwenigsten
gerechnet. Doch als er genauer
hinschaute, erkannte er, dass
25 die Pflanzen eingingen. Hier konnte
nur ein Gärtner helfen.
Liam war kein Gärtner, aber helfen
konnte er, das wusste er. Und schon
am nächsten Tag kehrte er zurück
30 und machte sich an die Arbeit.

Mit der Zeit begann Liam sich wie ein richtiger Gärtner zu fühlen.
Und die Pflanzen begannen sich wie ein richtiger Garten zu fühlen.

Die meisten Gärten bleiben,
wo sie sind. Aber dieser hier war
35 nicht wie die meisten Gärten.
Die endlose Eisenbahnstrecke vor
sich, wagte sich der Garten voran.
Er ging auf Entdeckungsreise.
Das beharrliche kleine Unkraut
40 und die Moose machten sich als
Erste auf. Schwelle für Schwelle
entlang sprossen sie hervor,
und dicht hinter ihnen folgten
die lieblicheren Pflanzen.

45 Besonders reiselustig war der Garten
dann, wenn es um alte, vergessene
Dinge ging. Einige Pflanzen machten
sich breit, wo sie eigentlich gar
nichts zu suchen hatten. Andere
50 tauchten plötzlich auf geheimnisvolle
Weise auf. Jahre später blühte die
ganze Stadt.

Text und Bilder: Peter Brown

Die Apfelbäumchen

Ein alter Mann hatte viele kleine Apfelbäumchen gepflanzt. Jeden Tag goss er die zarten Pflanzen und kümmerte sich um sie. Als er gerade einen schweren Wasserkrug

5 anheben wollte, kamen Leute vorbei und schüttelten den Kopf: „Warum mühst du dich so, alter Mann? Du bist alt und wirst die Apfelernte nicht mehr erleben."

„Das mag wohl so sein", erwiderte der Mann.

10 „Aber eure Kinder und ihre Kinder werden sich freuen, wenn sie einmal die süßen Äpfel essen."

nach Leo Tolstoi

Das Korn

Der Bauer baut mit Müh und Not
das Korn für unser täglich Brot.
Zum Müller wird das Korn gebracht
und weißes Mehl daraus gemacht.
Der Bäcker nimmt das Mehl ins Haus
und backt im Ofen Brot daraus.
Die Mutter streicht noch Butter drauf,
und wir, wir essen alles auf.

Johannes Trojan

Welche Pflanze kann dich „verbrennen"?

Welche Pflanze hat die meisten Samen?

Welche Pflanze blüht als Erstes im Jahr?

Schnittlauch

Der wissenschaftliche Name ist *Allium schoenoprasum*.
Die Pflanze wird in Europa, Mittelasien und Nordamerika
angebaut. Sie wächst besonders gut in feuchter Erde.
Ihre Blüten sind lila oder weiß. Mit Schnittlauch kann man
Suppen, Salate oder Rührei würzen. Lecker schmeckt er
auch im Quark zu Kartoffeln oder auf dem Brot.

Dringend gesucht!

Weih sucht Rauch

Schnitt sucht … (Lauch)

Peter sucht Silie

Feuer sucht … (Lilie)

Salb sucht Ei

Grieß sucht … (Brei)

Pfeffer sucht Minz

Märchen sucht … (Prinz)

Brot sucht Krume

Ringel sucht … (Blume)

Gerda Anger-Schmidt

Ich bin der größte Vogel der Welt.

Du kannst mich pflücken und verschenken.

Wie lasse ich Pflanzen ein Haus erobern?

Du brauchst:

- einen Blumentopf, Blumenerde, Feuerbohnen
- einen Karton
- Alltagsmüll wie leere Verpackungen,
  Plastikbecher, Papprollen…
- Schere, Kleber, Schnur, Klebeband
- Stäbchen und Knete als Rankhilfe

1. Baue aus dem Karton ein Haus für deine Pflanzen.

2. Fülle die Erde in den Blumentopf und
   lege die Bohnen in die Erde.

3. Stelle den Topf in den Karton.

4. Gieße deine Pflanzen
   jeden Tag ein bisschen.

tinkerbrain

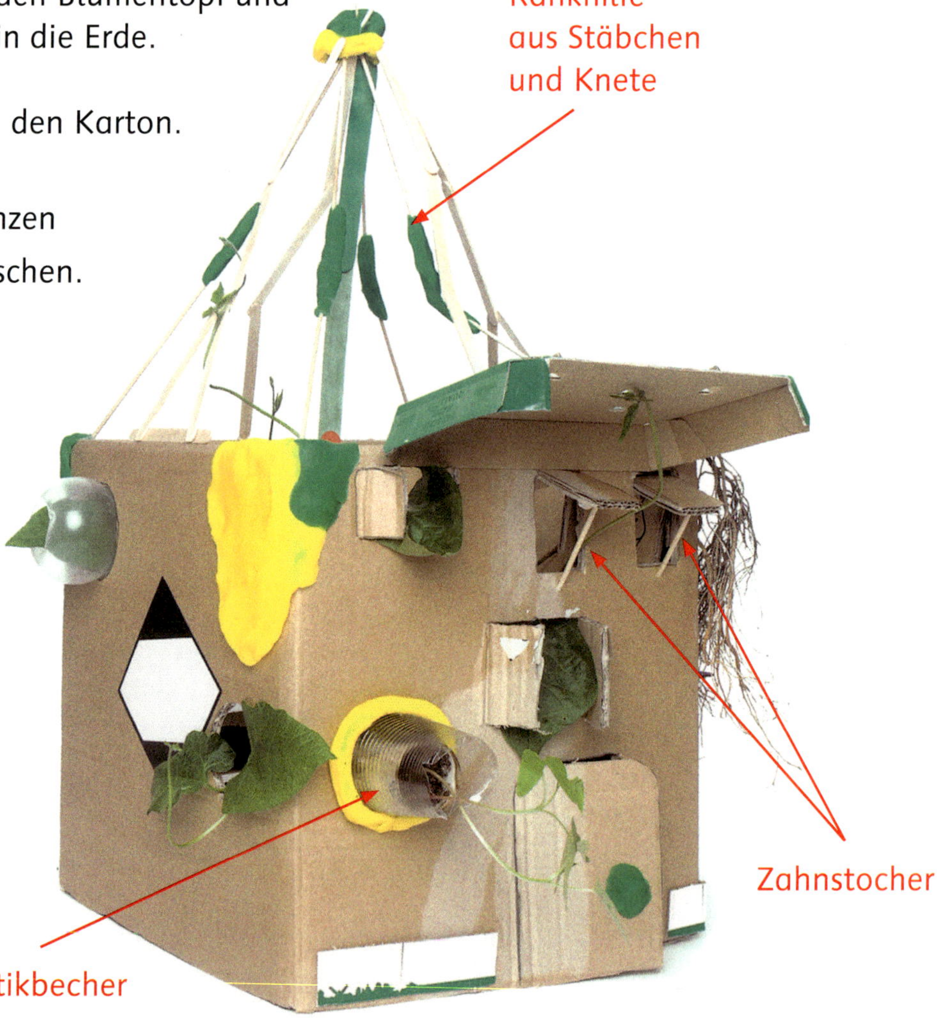

Rankhilfe
aus Stäbchen
und Knete

Zahnstocher

Plastikbecher

Über Land und durch die Luft

Pflanzen wachsen aus Samen. Wenn Pflanzen reisen,
dann also durch ihre Samen. Doch wie bewegen sich
diese Samen fort?

Es gibt Pflanzen, die schleudern ihre Samen einfach durch die Luft,
5 wenn diese reif sind. Die Samen des Springkrauts liegen bequem
in einer Schote. Sie kann sich bei der kleinsten Berührung
blitzschnell zusammenziehen. Dabei fliegen natürlich alle Samen
in einem hohen Bogen davon.

 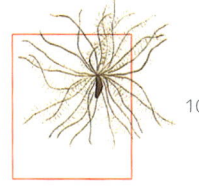

Löwenzahn Fallschirm

Pflanzen, die nicht so viel Kraft haben,
10 brauchen einen starken Freund: den Wind.
Er hilft vielen Pflanzen beim Reisen.

Viele Samen benutzen lieber ein „Taxi". Das sind Tiere,
die für diese Samen Taxi spielen. Veilchen, Schneeglöckchen,
Schlüsselblumen und andere Frühlingspflanzen haben darum
15 schmackhafte Anhängsel an ihren Samen. Das ist ein Leckerbissen
für Ameisen, die nach dem kalten Winter großen Hunger haben.
Darum schleppen sie die Samen mit. Wenn sie dann das Öl-
Anhängsel gefressen haben, lassen sie die Samen irgendwo liegen.
Und an diesem Ort kann dann eine neue Pflanze entstehen.

Samen mit
Öl-Anhängsel

20 Andere Pflanzen packen ihre Samen in bunte Früchte
und Beeren. Die Tiere, zum Beispiel Vögel, fressen die Frucht
mitsamt den Samen. Das Fruchtfleisch wird im Magen und
Darm verdaut. Aber die Samen sind widerstandsfähiger:
Sie kommen hinten so heil heraus, wie sie vorne herein-
25 gekommen sind. Und wenn sie Glück haben, fallen sie auf
fruchtbaren Boden und können dort keimen.

Text und Bilder: Anne Möller

**Vergleiche die Cover.
Was fällt dir auf?**

Kräuterlexikon

Bärlauch (Allium ursinum)

Bärlauch wächst wild in schattigen Wäldern in ganz Europa. Er duftet und schmeckt nach Knoblauch. In der Küche wird er frisch verwendet, zum Beispiel als Pesto. Er hat weiße, sternenförmige Blüten, ist 20 bis 25 cm groß und blüht von April bis Juni. Reibe die Blätter zwischen den Fingern und rieche daran: Wenn sie nach Knoblauch riechen, hast du Bärlauch gefunden!

Oregano (Origanum vulgare)

Das wichtigste Gewürz für den Pizzabäcker heißt Oregano. Dieses Gewürz lässt die Pizza erst richtig nach Pizza schmecken. Am besten wächst die Pflanze in der Sonne. Dann duften die Blüten und Blätter auch am stärksten. Schmetterlinge lieben die rosafarbigen Blüten. Oregano passt besonders gut als Pizzagewürz, zu Tomatengerichten und zu Mozzarella.

Petersilie (Petroselinum crispum)

Die Petersilie ist in Deutschland das beliebteste Gewürz überhaupt. Die Pflanze liebt einen feuchten Boden und kühles Wetter. Sie wird bis zu 50 cm hoch und man kann die Blätter das ganze Jahr über ernten. Es gibt glatte und krause Petersilie. Frisch geschnitten schmecken die Blätter besonders gut in Suppen, Salaten, Soßen und Gemüse.

Pfeffer (Piper nigrum)

Der Pfeffer ist eine Kletterpflanze, die bis zu zehn Meter hochklettern kann. Sie braucht viel Wärme und Feuchtigkeit. Die Pfefferkörner, aus denen man das Gewürz macht, wachsen in kleinen Ähren. Es gibt grünen, schwarzen, roten und weißen Pfeffer. Ganz junge Pfefferbeeren sind grün. Halbreife Pfefferbeeren sind schwarz und ganz reife sind rot. Weiß sieht der Pfeffer aus, wenn die reifen Beeren geschält werden. Meistens benutzen wir schwarzen Pfeffer. Er soll ein Gericht schärfer machen.

Der Streit

Die Gerste spricht: „Ich bin so fein,
mein Haar ist lang und dünn.
Könnt es ein Stückchen länger sein,
ging's bis zum Himmel hin!"

5 Der Weizen brummt: „Was soll mir das,
bin lieber dick und rund.
Am besten wär's, ein einzig Korn
wög gleich ein halbes Pfund!"

Der Hafer flötet: „Wie gemein!
10 Mein Lockenhaar ist weich,
es hängen viele Perlen dran –
ich bin dem König gleich!"

Der Roggen lacht: „Mein Haar ist kurz,
es ist mir grad so recht.
15 Als Schmuck trag ich ein Mutterkorn
das steht mir gar nicht schlecht!"

„Pieps", pfeift die Maus,
„der Streit ist aus!
Dort kommt der Michel
20 mit seiner Sichel.
Und morgen macht der Müller euch
in seiner großen Mühle gleich!"

Erna Brückner

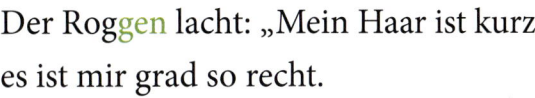

Das leichte Brot

Ein Bauer arbeitete einmal
auf seinem Acker. Mittags machte
er eine Pause. Er nahm ein Stück
Brot und aß. Ein Wolf sah
5 den Bauern essen, lief hin
und fragte: „Was isst du da?"

„Brot", antwortete der Bauer.
„Lässt du mich einmal probieren?",
fragte der Wolf. Der Bauer brach
10 ein Stück Brot ab und gab es
dem Wolf. Dem Wolf schmeckte es
sehr gut.
„Ich möchte jeden Tag Brot essen",
meinte er. „Wo kann ich es
15 bekommen?"

Der Bauer antwortete:
„Also, pass auf: Zuerst musst du
die Erde pflügen ..."
„Und in der Erde finde ich
20 das Brot?", fragte der Wolf.

„Nein, nein! Dann musst du erst
einmal das Korn säen ...",
sagte der Bauer.
„Und dann kann man Brot essen?",
25 fragte der Wolf.

„Aber nein, noch nicht. Jetzt musst
du warten. Das Getreide wächst,
dann blüht es, dann bilden sich die
Ähren und es muss reif werden ..."
30 „Ach, das dauert lange", sagte
der Wolf. „Aber jetzt kann ich
genug Brot kriegen?"

„Nein. Jetzt musst du das Getreide
mähen und dreschen. Die Körner
35 bringst du zur Mühle. Dort werden
sie zu Mehl gemahlen ..."
„Aber jetzt ist das Brot fertig!",
sagte der Wolf.

„Nein, immer noch nicht. Jetzt musst
40 du aus dem Mehl einen Teig
anrühren. Aus dem Teig formst du
Brote und backst sie im Backofen."
„Und dann kann ich Brot essen?"
„Ja, dann kannst du so viel Brot
45 essen, wie du willst."

Der Wolf dachte lange nach.
„Nein, ich will leichteres Brot essen",
sagte der Wolf nach einer Weile
und machte sich auf die Suche.

50 Auf einmal sah er eine Herde Schafe.
Der Wolf packte den größten
Schafbock und sagte:
„Jetzt fress ich dich."
„Dann will ich es dir leicht machen",
55 sagte der Schafbock. „Bleib hier
stehen und reiß dein Maul weit auf.
Ich nehme Anlauf und springe dir
direkt hinein."

„Danke", sagte der Wolf.
60 „So machen wir's."
Er riss sein Maul auf und wartete.
Der Schafbock rannte los und
knallte mit seinen Hörnern dem
Wolf gegen den Kopf. Der Wolf fiel
65 um, und der Schafbock machte sich
aus dem Staub.

Der Wolf kam wieder zu sich.
Benommen fragte er:
„Hab ich den Schafbock
70 nun gefressen oder nicht?"
Da kam gerade der Bauer vorbei
und sagte:
„Gefressen hast du gar nichts.
Aber du hast das leichte Brot
75 probiert."

Russische Fabel

Lügengeschichten

Das brauch ich alles noch!

Ein verrosteter Schlüssel, ein alter Knopf und ein spitzer Stein –
nutzloses Zeug, denkt Jims Vater und will es beim Wäsche-
sortieren in den Müll werfen.
Doch Jim protestiert: „Das brauche ich alles noch!"

5 „Und was ist mit diesem Knopf?", fragt Papa.
Er dreht und wendet ihn wie einen Edelstein.

„Das ist ein Kapitänsjackenknopf", sagt Jim. „Du erkennst ihn
am Anker."

„Der ist bestimmt schon weit gereist."

10 „Dreimal um die Welt. Sturm und Wellen", ruft Jim. „Dschungel.
Vogelspinne. Der Kapitän, stell dir vor, ist mit dem Knopf
im Spinnennetz hängen geblieben! Er hat geflucht und gezappelt
und mit dem Taschenmesser schnell den Knopf abgeschnitten.
Und dann ist er zum Schiff gelaufen und davongesegelt."

15 „Und der Knopf?", fragt Papa.

„Blieb erst mal im Spinnennetz", sagt Jim. „Aber irgendwann
ist ein Dschungelforscher zufällig vorbeigekommen, hat ihn
rausgepult und eingesteckt. Und gleich wieder verloren."

„Und dann hast du ihn gefunden", sagt Papa.

20 „Erst hat ihn jemand anderes gefunden", sagt Jim.
„Und verloren. Und dann noch mal das Ganze: Gefunden …"

„… verloren", sagt Papa.

„Und immer so weiter. Jahrelang. Bis gestern.
Da habe ich ihn gefunden."

25 „Seemannsgarn", sagt Papa.

Jetzt liegt noch der Stein auf Papas Hand …

Text: Petra Postert / Bilder: Jens Rassmus

Und dies ist die Geschichte
von dem Stein …

Schnupper-Seite: Lügengeschichten

Drei Zwerge treffen sich.
Der erste sagt:

> „Mein Vater ist so klein,
> dass er unter einem Tisch hergehen kann."

Der andere sagt:

> „Mein Vater ist so klein,
> dass er unter einem Stuhl hergehen kann."

Der dritte sagt:

> „Mein Vater ist so klein,
> dass er beim Erdbeerenpflücken
> von der Leiter gefallen ist."

Abzählreim

1, 2, 3, 4,
der Vogel ist ein Wassertier,
der Frosch lebt auf dem Land,
das Pferd am Wasserrand,
der Hering in der Luft,
wer mogelt, ist ein Schuft.

Irmela Brender

Ich schwimme auf dem See.

Ich bin eine Falschmeldung in der Zeitung.

Ausreden in der Schule

Anna:
Beim Warten auf die Straßenbahn
biss mich ein wilder Löwenzahn.
Das hat vielleicht wehgetan!
Deshalb bin ich später dran.

Ida:
Im Stadtpark flog mir ein Geier ins Ohr
und riss mich 20 Meter empor,
sodass ich beide Schuhe verlor.
Ich verspreche, es kommt nicht mehr vor!

Georg Bydlinski

Wahr oder gelogen?

1. Babys bringt der Storch.

2. Ein Fischernetz besteht aus Seemannsgarn.

3. Der Mastkorb auf Segelschiffen heißt Krähennest.

4. Der Mond sorgt für Ebbe und Flut.

5. In Australien lebt der Beutel-Hase.
   In seiner Bauchtasche hat er Farbdrüsen,
   mit denen er die Eier färbt.

Kwatsch

Es geschah letzten Dienstag, morgens um 8:37 Uhr: Julius P.
Kwatsch war mal wieder zu spät zur Schule gekommen.
„Das war's!", sagte Frau Bachstälze. „Jetzt blüht dir lebenslanges
Nachsitzen … es sei denn, du hast eine überzeugende und
5 glaubwürdige Erklärung."
„Ich wär ja pünktlich gewesen", sagte Julius. „Aber …

Ich hatte meinen treuen Zimulis verlegt. Dann fand ich … äh …
ihn auf meinem Deski. Aber jemand hatte mein Deski auf
einen Torakku geladen. Der Torakku fuhr zwar Richtung Szkola,
10 aber brauste geradewegs daran vorbei. Ich schnappte mir
meinen Zimulis und sprang raus. Aber … ich landete – rums! –
mitten auf einer Razzo-Abschuss-Rampe. Ich öffnete
die Notausgangs-Pordo mit meinem Zimulis. Doch wie sich
herausstellte, war das die Pordo zu einer gerade abhebenden
15 Razzo.

Ich landete auf dem Planeten Astrosus. Ich unterhielt die Astro-Typen mit meinen witzigen Piksas. Doch sie waren der Meinung, dass meine Piksas und ich ein schmackhaftes Mahl abgeben würden. Ich vereitelte ihren gemeinen Plan, indem ich ihre Blassa mit meinem Zimulis verstopfte. Aber dann beschlossen sie, mich in einer flassenden Unterfliege zurückzuschicken."

„Julius P. Kwatsch", sagte Frau Bachstälze. „Das ist unglaublich. Als Hausaufgabe sollt ihr heute nämlich eine Lügengeschichte schreiben. Also, warum setzt du dich nicht hin und fängst an?"

Jon Scieszka

Dekoder

Astrosus (lateinisch) – unglückselig
Blassa (uqbarisch) – Strahlenpistole
Deski (suaheli) – Schreibpult
flassende Unterfliege (Umstellung) – fliegende Untertasse
Piksa (pidgin-melanesisch) – Bild
Pordo (Esperanto) – Tür
Razzo (italienisch) – Rakete
Szkola (polnisch) – Schule
Torraku (japanisch) – Lastwagen
Zimulis (lettisch) – Bleistift

Woher die Kinder kommen

Manchmal wollen die Kinder wissen,
wie kamen sie auf die Welt.
Dann hören sie solche Märchen:
Ein Baby wächst auf dem Feld.
5 Manche sagen auch:
Ein Storch kam mit dir angeflogen
und legte dich ins Bettchen.
Doch das ist glatt gelogen.

Ein Kind wächst in seiner Mama
10 und sieht erst ganz winzig aus.
Ist es dann groß gewachsen,
dann kommt es aus ihr heraus.
Es trinkt Milch von seiner Mama,
es wird stärker und runder.
15 Und das ist die Wahrheit
und ist doch ein Wunder.

Gerhard Schöne

Warum die Zitronen sauer wurden

Ich muss das wirklich mal betonen:
Ganz früher waren die Zitronen
(ich weiß nur nicht genau mehr, wann dies
gewesen ist) so süß wie Kandis.

5 Bis sie einst sprachen: Wir Zitronen,
wir wollen groß sein wie Melonen!
Auch finden wir das Gelb abscheulich,
wir wollen rot sein oder bläulich!

Gott hörte oben die Beschwerden
10 und sagte: Daraus kann nichts werden!
Ihr müsst so bleiben! Ich bedauer!
Da wurden die Zitronen sauer.

Heinz Erhardt

Was wünschen sich Melonen?

46

Gelogene Berufe

ZITRONEN-FALTER

GABEL-STAPLER

WOLKEN-KRATZER

SCHEIN-WERFER

BROT-MESSER

HOSEN-TRÄGER

April, April

Am 1. April darf jeder flunkern! Sogar in Zeitungen verstecken sich Aprilscherze. Rate mal, welche Meldung stimmt und welche gelogen ist.

In der Schweiz war die Spaghetti-Ernte in diesem Jahr besonders gut. Die Bauern konnten die Nudeln händeweise von den Büschen pflücken.

In Deutschland planen Leute eine Achterbahn für Hunde. Die Tiere dürfen dort ohne Herrchen oder Frauchen Loopings drehen.

In Großbritannien hat ein Mann mit seinen Ohren einen Bus gezogen – mehr als sechs Meter! Dazu waren Seile am Bus und den Ohren befestigt.

Münchhausen auf dem Mond

Münchhausen gilt als größter Schwindler aller Zeiten. Der Lügenbaron erzählte viele unglaubliche Geschichten, meist über seine Reisen.

Schon einmal habe ich von einer kleinen Reise erzählt, die ich zum Mond machte, um meine silberne Axt wiederzuholen. Später kam ich noch einmal
5 dorthin und möchte euch nun davon berichten:

Ein Verwandter von mir hatte sich in den Kopf gesetzt, es müsste ein Volk von Riesen geben. Er wollte auf Entdeckungsreise, um dieses Volk zu finden, und bat mich, ihn zu begleiten. Ich hielt das Ganze für ein Märchen, aber der Mann
10 hatte mich zu seinem Erben eingesetzt und so war ich ihm den Gefallen schuldig.

Wir kamen bis in die Südsee, ohne dass uns etwas Besonderes aufgefallen wäre, außer vielleicht einige fliegende Männer und Frauen, die in der Luft tanzten,
15 und ähnliche Kleinigkeiten.

Am achtzehnten Tag unserer Reise gerieten wir in einen schweren Orkan, der unser Schiff mindestens tausend Meilen emporriss. In dieser Höhe erfasste der Wind unsere Segel, und mit einer unglaublichen Geschwindigkeit segelten wir fort.

20 Sechs Wochen fuhren wir über den Wolken, als wir ein großes Land entdeckten, rund und glänzend, wie eine schimmernde Insel. Wir liefen in einem Hafen ein und gingen an Land.

Tief unter uns sahen wir die Erde mit Städten, Bäumen, Bergen, Flüssen, Seen. Die schimmernde
25 Insel, auf der wir gelandet waren, war – der Mond.

Die Bewohner des Mondes sitzen auf dreiköpfigen Geiern und fliegen auf ihnen umher, so wie wir auf Pferden reiten. Das Essen kostet sie sehr wenig Zeit, denn sie öffnen einfach nur ihre linke Seite und schieben die ganze Portion
30 auf einmal in den Magen.

Sie haben nur zwei Finger an jeder Hand, mit denen sie alles tun können, so gut oder noch besser als wir.

Ihren Kopf haben sie unter dem rechten Arm. Wenn sie auf eine Reise oder zur Arbeit gehen, lassen sie ihn gewöhnlich zu Hause.
35 Ihre Augen können sie nach Belieben herausnehmen und sehen genauso gut damit, ob sie nun im Kopf sitzen oder in der Hand. Verlieren sie ein Auge oder geht es kaputt, dann können sie ein anderes borgen oder ein neues kaufen. Überall auf dem Mond trifft man Leute, die mit Augen handeln. Mal sind grüne Augen
40 in Mode, mal gelbe.

Ich gebe zu, diese Dinge klingen seltsam. Aber jeder, der den geringsten Zweifel hat, soll selbst zum Mond reisen. Er kann sich davon überzeugen, dass ich so wahrheitsliebend bin wie kaum jemand sonst.

Gottfried August Bürger

🙂 Das kann ich schon: mir Dinge vorstellen und dazu malen

Käpt'n Blaubär, der Meister-Lügner

„Ich war Wellensalat ernten im Botanischen Ozean, als mir völlig
unverhofft eine Flaschenpost mit einer Schatzkarte
ins Netz ging. Ich schipperte sofort los, um den Schatz
zu finden. Die Karte führte mich zu einer SCHMATZinsel.

5   Genau! Die Schatzinsel war nämlich in Wirklichkeit
'ne Schmatzinsel! Kaum, dass ich in der Insel drin war,
klappte – ZACK! – der Insel-Eingang zu. Da hat's mir auf
einmal gedämmert, was es mit der Schmatzinsel auf sich hatte.
Sie war gar keine richtige Insel, sondern eine fleischfressende

10 Pflanze.

Auf der Schmatzinsel wachsen Palmen, an denen Flaschenpost-
früchte mit gefälschten Schatzkarten drin reifen. Die reifen
Flaschen fallen ins Meer und irgendwann fischt sie ein zukünftiger
Schatzsucher auf. Aber ich hatte keine Lust, als Mahlzeit

15 von so 'nem Inselgemüse zu enden. Ich musste das Ding
dazu bringen, das Maul wieder aufzureißen.
Dafür brauchte ich nur: einen guten Witz. Die Insel hat sich gar
nicht mehr eingekriegt vor Lachen. Ich bin natürlich nix wie raus.
Ich sag's ja immer: Mit Humor geht alles besser."

Käpt'n Blaubär spinnt
noch mehr Seemannsgarn.

Lügen-Duell

In Atlantis tritt Käpt'n Blaubär als Lügen-Gladiator an.
Dabei flunkert er im Wettstreit mit anderen Kandidaten
den Zuschauern so gekonnt wie möglich Lügen-Geschichten vor.
Es geht darum, den meisten Applaus zu bekommen.
Und das schafft – natürlich – Käpt'n Blaubär:
„Obwohl die Geschichte nur drei Minuten dauerte, gelang es mir
in dieser kurzen Zeitspanne, das gesamte Publikum zweimal
zu Tränen zu rühren und viermal einen Lach-Orkan auszulösen.
Der Applaus war frenetisch."

Walter Moers

Und wer von euch erzählt die beste Flunker-Geschichte?

Faltfisch

„Die Fische beißen nicht", murrte der kleine Koch.
„Im vorigen Jahr habe ich einen herausgeholt",
erzählte der Matrose, „der war zehn Meter lang."
„Es war ein Faltfisch", sagte der kleine Koch.
„Wie er hieß, weiß ich nicht", sagte der Matrose.
„Der Teich ist drei Meter lang. Dein Fisch war
zehn Meter lang. Geht nur gefaltet."

Franz Zauleck

Winterkälte

Das Weihnachtskind

Vor langer, langer Zeit wanderten ein Mann und eine Frau
nach Betlehem. Die Frau erwartete ein Kind. Maria hieß sie.
Und der Mann hieß Josef.
Zu jener Zeit hatten die Römer fast überall auf der Welt
5 die Macht übernommen. Jeder musste sich in seine Heimatstadt
begeben und sich zählen lassen. Darum waren Josef und Maria
auf dem Weg nach Betlehem. Dort war Josef geboren worden.
Sie hatten es sehr eilig, denn das Kind konnte jeden Augenblick
zur Welt kommen. Als Maria nicht mehr gehen konnte,
10 durfte sie auf einem Esel reiten.

Kaum hatten sie die Stadt erreicht, da spürte Maria, dass es
so weit war. Josef eilte zu einer Herberge. Aber die Herberge
war schon belegt. Auch im nächsten Haus gab es keinen Platz
für die beiden. Wo sie auch fragten, sie wurden abgewiesen.
15 Schließlich gewährte man ihnen Platz in einem Stall.
Und dort im Stroh wurde das Kind geboren. Es schrie,
wie Kinder schreien sollen, wenn sie auf
die Welt kommen. Es schrie und fror!
Und lebte …
20 In der Nähe der Stadt befanden
sich einige Hirten, die ihre Schafe
bewachten, damit sie nicht von
wilden Tieren überfallen wurden.
Aber in dieser Nacht hielten
25 sich die wilden Tiere zurück.

Alles war still. Doch plötzlich geschah etwas.
Ein Engel erschien!

Der Engel erschien, um von dem Kind zu berichten, das gerade
geboren worden war. Und bald war die Luft von mehr Engeln erfüllt!
30 Kaum war die Engelschar weitergezogen, da zeigte sich ein Stern
am Himmel.

Als das Kind eingeschlafen war, legte Maria es in die Krippe
des Ochsen. Und alles wurde ruhig und friedlich.
Davon würde man sich auch später immer wieder erzählen –
35 von dem Frieden, der an jenem Abend überall herrschte.
Nicht nur unter den Menschen, sondern auch unter
den Tieren draußen auf den Feldern. Es heißt sogar,
ein Löwe habe sich neben die Lämmer gelegt,
ohne sie zu reißen!
40 Und der Stern leuchtete und strahlte.
Denn von nun an würde Friede auf Erden werden!

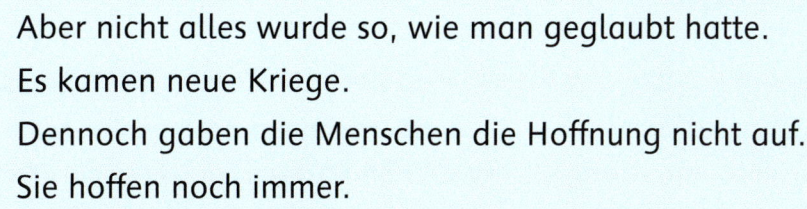

Aber nicht alles wurde so, wie man geglaubt hatte.
Es kamen neue Kriege.
Dennoch gaben die Menschen die Hoffnung nicht auf.
45 Sie hoffen noch immer.

Text (gek.): Rose Lagercrantz
Bilder: Jutta Bauer

Hyvää Joulua!

Boas Festas!

Merry Christmas!

Wesołych Świąt

Joyeux Noël!

Sternenlied

Hoch am Himmel
strahlen drei Sterne
alle drei
in einer Bahn
der eine ist mein
der andere ist dein
der dritte bleibt
für sich allein.

Brasilianisches Volkslied

Mich nimmst du, wenn dir kalt ist. Ich bin warm und weich.

Wenn du nach oben guckst, siehst du mich in jedem Zimmer.

Lösung S. 207

Wetterverhältnisse

Es schneit, dann fällt der Regen nieder,
Dann schneit es, regnet es und schneit,
Dann regnet es die ganze Zeit,
Es regnet, und dann schneit es wieder.

Ror Wolf

Steht ein Hase vor einem Schneemann und sagt:
„Möhre her oder ich föhn dich!"

Woran erkennt man, dass
ein Pinguin im Eisschrank war?

An den Fußspuren in der Butter.

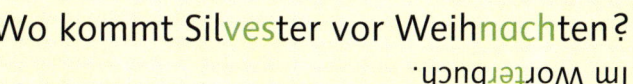

Wo kommt Silvester vor Weihnachten?

Im Wörterbuch.

Lustig ist die Fasenacht,
wenn mei Mutter Küchle bacht.
Wenn se aber koine bacht,
pfeif i auf die Fasenacht.

Ob's warm, ob's kalt, in jedem Fall
viel Narren gibt's im Karneval!

Der Winter

Die Pelzkappe voll mit schneeigen Tupfen,
Behäng ich die Bäume mit hellem Kristall.
Ich bringe die Weihnacht und bringe den Schnupfen,
Sylvester* und Halsweh und Karneval.
Ich komme mit Schlitten aus Nord und Nord-Ost.
– Gestatten Sie: Winter. Mit Vornamen: Frost.

Mascha Kaléko

* Mascha Kaléko hat Silvester mit y geschrieben.

Kalter Tag

Schnee stiebt weiß von den Dächern.
Grau kriecht aus Kaminen der Rauch.
Wo sind meine Schwalben? Woanders.
In Gedanken bin ich es auch.

Josef Guggenmos

Auf dürrem Ast

Mir ist kalt geworden
sagte der Mond
Mir ist kalt geworden
sagte das Kind
5 Mir ist kalt
und die Sterne ragen
spitz aus der Nacht
Fürchterlich aufgeblasen
hustet der Winter
10 auf dürrem Ast

Karola Heidenreich

Kunterbunte Weihnachtswünsche

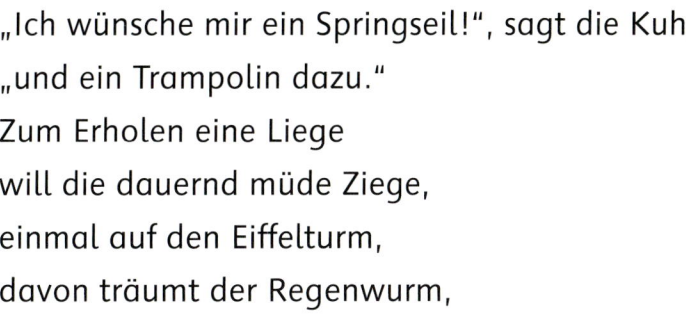

„Ich wünsche mir ein Springseil!", sagt die Kuh,
„und ein Trampolin dazu."
Zum Erholen eine Liege
will die dauernd müde Ziege,
5 einmal auf den Eiffelturm,
davon träumt der Regenwurm,
und vom Himmel einen Stern
hätte unser Nilpferd gern.

Ein großes Eis am Stiel
10 mag das Krokodil,
die riesige Giraffe
will klettern können wie ein Affe.
Und das dicke Warzenschwein
möchte Schönheitskönig sein.

15 Nur der Pinguin ist still,
er überlegt noch, was er will.
Schließlich sagt er: „Wisst ihr was?
Ich wünsche mir eigentlich nur das:
Glitzernden Schnee zum Weihnachtsfest,
20 ein feierlich geschmücktes Nest,
wo Eiszapfen funkeln im Kerzenschein …
und dann mit euch zusammen sein."

Eva Karnetzky

Wo der Weihnachtsmann wohnt

„Hyvää päivää, joulupukki!" Das ist Finnisch und heißt übersetzt: „Guten Tag, Weihnachtsziegenbock!" Womit natürlich der Weihnachtsmann gemeint ist. Vorhin habe ich Leute getroffen, die behauptet haben,

5 dass der Weihnachtsmann in Finnland wohnt, angeblich in einem Ort namens Korvatunturi.

Aber Achtung: Die Leute fangen hier schon ab Oktober an, lauter kleine Weihnachtsfeiern abzuhalten, die Pikkujoulu. Da wird dann getanzt, gesungen und gebastelt, dass es nur so weihnachtet.

10 Aber nicht, dass ihr glaubt, dass an den Pikkujoulu jedes Mal schon der Joulupukki kommt. Nein, nein, der kommt erst am 24. Dezember, wenn es richtig Weihnachten ist.

Da wird es hier schon ganz früh dunkel. Bevor die Weihnachtsfeier losgeht, haben die Finnen noch ein großes Programm: Erst mal

15 gehen die Leute alle in die Sauna. Sie schwitzen und schwitzen und springen dann ins eiskalte Wasser. Platsch! An Weihnachten!

Aber das ist erst der Anfang: Als Nächstes gehen alle auf den Friedhof. Dort werden Kerzen angezündet. Und zwar so viele, dass die Friedhöfe in ein einziges funkelndes Lichtermeer verwandelt

20 werden. Da wirkt so ein Friedhof plötzlich gar nicht mehr so gruselig und düster, sondern wunderschön weihnachtlich.

Danach geht's endlich ab nach Hause. Dort stehen schon die geschmückten Weihnachtsbäume in den Wohnzimmern. Die werden hier übrigens mit lauter weiß-blauen finnischen

25 Fähnchen behängt. Man singt ein paar Weihnachtslieder und wartet auf den Joulupukki.

Wenn er kommt, klopft er an die Tür und ruft laut: „Gibt es brave Kinder hier?" – „Jaaa! Na klar!", antworten darauf alle.

Und dann kommt er herein und tanzt erst mal mit den Kindern
30 Ringelreihen um den Baum. Das ist immer ein lustiges rotes Durcheinander, weil die Kinder sich zur Bescherung als kleine Joulupukki-Gehilfen verkleiden. Mit roten Zipfelmützen und roten Strumpfhosen. Hinterher helfen sie ihm, die Geschenke zu verteilen.

35 Zum Schluss gibt es dann ein richtiges Festessen. Wer ganz großes Glück hat, bekommt dabei auch einen schlabberig-leckeren Weihnachts-Haferschleim serviert. Mmmmh! Den kocht die Joulumuori. Das ist die Frau vom Joulupukki, ihr wisst schon, dem Weihnachtsziegenbock.

Renus Berbig

Finnland liegt in Europa.

Ein Weihnachtslied

Es ist Weihnachten geworden.
Kalter Wind bläst aus dem Norden
und hat Eis und Schnee gebracht.

Doch am Weihnachtsbaum die Kerzen,
die erwärmen unsere Herzen,
und des Kindes Auge lacht.

Und man sieht auf den verschneiten
Straßen weiße Engel schreiten
durch die stille, heil'ge Nacht.

Heinz Erhardt

Das Kätzchen auf Dovre

Es war einmal ein Mann oben in Finnmarken, der hatte einen großen
weißen Bären gefangen. Den wollte er dem König in Dänemark bringen.
Nun traf es sich, dass er grade am Weihnachtsabend zum Dovrefjeld kam,
und da ging er in ein Haus, in dem ein Mann wohnte, der Halvor hieß.

5 Den bat er um Nachtquartier für sich und seinen Bären.
„Ach", sagte der Mann. „Wie sollt ich jemandem Nachtquartier geben
können! Jeden Weihnachtsabend kommen hier so viele Trolle, dass ich
ausziehen muss und selber nicht einmal ein Dach über dem Kopf habe."
„Oh, Ihr könnt mich trotzdem beherbergen", sagte der Mann, „denn mein

10 Bär kann hier hinter dem Ofen liegen, und ich lege mich unter das Bett."
Halvor hatte nichts dagegen, zog aber selbst mit seinen Leuten aus.
Zuvor hatte er gehörig für die Trolle zurichten lassen: Die Tische waren
besetzt mit Reisbrei, Stockfischen, Wurst und was sonst zu einem
herrlichen Gastschmaus gehört.

15 Bald darauf kamen die Trolle an. Einige waren groß, andre klein, einige
langgeschwänzt, andre ohne Schwanz. Und einige hatten ungeheuer lange
Nasen. Alle aßen und tranken und waren guter Dinge.

Da erblickte einer von den jungen Trollen den Bären, der hinter
dem Ofen lag. Er steckte ein Stückchen Wurst an die Gabel und hielt es
20 dem Bären vor die Nase.

„Kätzchen, magst auch ein Stück Wurst?", sagte er. Da fuhr der Bär auf,
fing fürchterlich an zu brummen und jagte sie alle, Groß und Klein,
aus dem Haus.

Das Jahr darauf war Halvor eines Nachmittags im Wald und hackte Holz.
25 Bald war Weihnachten und er erwartete wieder die Trolle.

Da hörte er es plötzlich im Wald rufen: „Halvor! Halvor!"

„Ja!", sagte Halvor.

„Hast du die große Katze noch?"

„Ja", sagte Halvor, „sie hat sieben Junge, die sind noch viel größer
30 und böser als sie."

„Dann kommen wir niemals wieder zu dir!", rief der Troll im Wald.
Und von der Zeit an haben die Trolle nie wieder den Weihnachtsbrei
bei Halvor auf Dovre gegessen.

Norwegisches Volksmärchen

🙂 Das kann ich schon:
Textart erkennen

Der Eisbär

Er ist der Rolls-Royce unter den Polartieren. So stark, so selten,
so beeindruckend. Und ausgestattet mit den Winter-Raffinessen
vieler anderer Tiere zusammen.

Er hat:
die **Speckschicht** von Walross und Narwal,
5 das **dicke Fell** von Moschusochse und Rentier,
die weiße **Tarnfarbe** von Schnee-Eule und Polarhase,
die selbst gewählte **Einsamkeit** von Vielfraß und Luchs,
die **großartige Nase** vom Wolf,
die erbarmungslose **Jagdlust** vom Seeleoparden,
10 den **langen Schlaf** vom Erdhörnchen,
das endlose **Herumstreifen** vom Wanderalbatros,
die **Geduld** vom Kaiserpinguin,
das **Niedliche** vom Lemming,
das **Schwimmvermögen** vom See-Elefanten,
15 von allen anderen Extras ganz zu schweigen.
Der Eisbär steht allen voran, weil er alles hat und ihm nichts fehlt.

Bibi Dumon Tak

Was hat dein Lieblingstier alles?

„Wer zuerst die Schnauze trifft!"
„Lassen wir ihn schlafen. Pelzkugel hat noch eine weite Reise vor sich …
bis zum Nordpol!"

Touristen

Auch den Eisbären war's am Nordpol
auf die Dauer etwas kalt.
Also nahmen sie im Süden
einen Urlaubsaufenthalt.

Da liegen sie und sonnen sich
den lieben langen Tag
im Südpolpool – bei Eis und Schnee,
so wie's ein Eisbär mag.

Galina Djadina hat das Gedicht
auf Russisch geschrieben.
Andreas Tretner hat es übersetzt.

туристы

На Северном полюсе
Зябко медведям.
Решили медведи:
«На юг переедем!»

Лежат, загорают
На полюсе Южном,
На полюсе снежном,
Холодном и вьюжном.

Galina Djadina

Schneemann-Familie

Zutaten für 8 Schneemänner:

- 4 Eiweiß
- 4 Esslöffel Zucker
- Zum Verzieren: Korinthen, Orangeat und Zitronat

Zubereitung:

Lege Backpapier auf zwei Backbleche.
Heize den Backofen auf 80 Grad Celsius vor.
Rühre das Eiweiß mit einem Mixer ganz steif.
Lass den Zucker langsam einrieseln.
Rühre dabei weiter.

Pro Schneemann brauchst du:

Einen Teelöffel Ei-Schaum für den Kopf,
einen Esslöffel Ei-Schaum für den Körper,
Augen und Knöpfe aus Korinthen,
eine spitze Nase aus Zitronat,
einen Mund aus Orangeat.

Schiebe die Schneemänner
auf zwei Backblechen untereinander
in den Backofen.
Nach ungefähr 2 Stunden
sind sie fertig (durchgetrocknet).

Dagmar Binder

Sammelt eure leckersten Winterrezepte.
Schreibt sie so auf.
Stellt ein Winterkochbuch zusammen.

So treiben wir
den Winter aus …

… durch unsere Stadt zum Tor
hinaus. – Komisch, dieses alte
Volkslied! Wieso muss man
den Winter austreiben?
5 Der verschwindet doch von selbst!
Vor langer Zeit waren sich die
Leute da nicht so sicher.

Der Winter war für sie eine Zeit
der Dunkelheit, der Kälte und
10 der Todesstille. Sie glaubten,
dass daran böse Geister schuld
waren.
Was konnten sie nur tun, dass der
Frühling wieder ins Land kam?
15 Sie verkleideten sich, setzten
furchterregende Fratzen auf,
johlten, tanzten und machten
einen Höllenlärm. Das sollte
die bösen Wintergeister
20 erschrecken und vertreiben,
aber gleichzeitig die guten
Frühlingsgeister aufwecken.

Diese Methode hatte natürlich
Erfolg, wie du dir denken kannst:
25 Bald kam der Frühling.

Das tut er zwar jedes Jahr,
aber die Leute bildeten sich ein,
dass es ihr Verdienst war.
Heute glaubt natürlich niemand
30 mehr an Geister.

So wurde aus dem Winter-
vertreiben der Fasching oder
die „Fasnet". Oder auch der
Karneval. Die Zeit, in der man
35 sich verkleiden und Unsinn
machen darf. Auch das war früher
wichtig. Die alten Herrscher waren
nämlich oft schlimme Gesellen.
Doch einmal im Jahr konnte
40 das Volk richtig frech sein und
Streiche spielen. Keiner von
der „Obrigkeit" wusste, wer sich
hinter der Maske versteckt.

Günther Brinek

Das bin ich

Wanda Walfisch

Jeden Mittwoch ist Schwimm-
unterricht.
Wanda hasst Schwimmen.
Alle Mädchen lachen sie aus
5 und spotten:
„Wanda-Walfisch-dick-und-rund,
Wanda-Walfisch-hundert-Pfund."

Nach dem Unterricht ruft der
Schwimmlehrer Wanda zu sich.
10 „Was ist los mit dir? Schwimmst
du nicht gern? Du schwimmst
doch gut."
„Nein, ich bin zu dick."
„Ach was! Nur weil du das
15 denkst. Wir sind das, was wir
denken. Wenn du gut schwimmen
willst, denkst du einfach
an etwas Leichtes.
Also, wenn du leicht sein willst,
20 denk **Feder**.
Versuch
es mal!"

Das ist eine komische Idee,
findet Wanda. Aber ich kann es
25 ja mal versuchen!

Die ganze Woche macht Wanda,
was ihr der Schwimmlehrer
geraten hat.
Sie denkt **Känguru**.
30 Sie denkt **Hase**.
Sie denkt **Sonnenschein**.

Und es klappt!
Sie schafft es, im Sportunterricht
ganz hoch zu springen!
35 Sie schafft es, die Karotten
in der Schulkantine gern zu essen!

Und sie bringt Arthur dazu,
dass er sie bemerkt und
zum ersten Mal anlächelt.

40 Es ist wieder Mittwoch.
Wanda kommt aus der Kabine.
Sie wartet, bis sie
mit dem Springen dran ist,
denkt **Rakete** und taucht ein,
45 ohne dass es spritzt.

Wanda denkt **Feder**.
Und dann
Paddelboot (sie krault),
Surfbrett (sie schwimmt
50 auf dem Rücken),
Delfin (sie schwimmt
Schmetterling).

„Bravo, Wanda!",
sagt der Schwimmlehrer.
55 Alle Mädchen aus der Klasse
sehen sie an.
Diesmal ruft niemand
„Wan-da-ist-ein-Wal-fisch!"
Nur Betty sagt:
60 „Du schwimmst jetzt so gut,
da kannst du bestimmt auch
vom großen Turm springen!"
Betty denkt natürlich,
dass Wanda sich nicht traut.

65 Aber Wanda steigt auf den Turm.
Sie sieht hinunter.
Sie denkt ganz fest **Walfisch**.
Nein noch besser:

Text: Davide Calì
Bilder: Sonja Bougaeva

Superwal!

Vom Nehmen und vom Geben

Ich möchte dich an der Hand nehmen,
in den Arm nehmen,
ernst nehmen,
auch mal auf den Arm nehmen
und dich nehmen,
so wie du bist.

Ich möchte dir   Wurzeln geben,
Wärme geben,
Kraft geben,
Freiraum geben
und,
wenn es Zeit wird,
Flügel geben.

Gerda Anger-Schmidt

Ich bin ein Brötchen mit Frikadelle, Tomate und Gurke.

Ich lebe in einer großen Stadt in Norddeutschland.

WAS BIN   ?

EIN KLEINER W   T
MIT RUNDEM GES   T
UND   ÜBERGEW   T?
ODER BIN ICH N   TS?

ABER ICH WEIß...
FÜR DICH BIN

W   TIG!

Antje Damm

68

Lösung S. 207

Und sie bringt Arthur dazu,
dass er sie bemerkt und
zum ersten Mal anlächelt.

40 Es ist wieder Mittwoch.
Wanda kommt aus der Kabine.
Sie wartet, bis sie
mit dem Springen dran ist,
denkt **Rakete** und taucht ein,
45 ohne dass es spritzt.

Wanda denkt **Feder**.
Und dann
Paddelboot (sie krault),
Surfbrett (sie schwimmt
50 auf dem Rücken),
Delfin (sie schwimmt
Schmetterling).

„Bravo, Wanda!",
sagt der Schwimmlehrer.
55 Alle Mädchen aus der Klasse
sehen sie an.
Diesmal ruft niemand
„Wan-da-ist-ein-Wal-fisch!"
Nur Betty sagt:
60 „Du schwimmst jetzt so gut,
da kannst du bestimmt auch
vom großen Turm springen!"
Betty denkt natürlich,
dass Wanda sich nicht traut.

65 Aber Wanda steigt auf den Turm.
Sie sieht hinunter.
Sie denkt ganz fest **Walfisch**.
Nein noch besser:

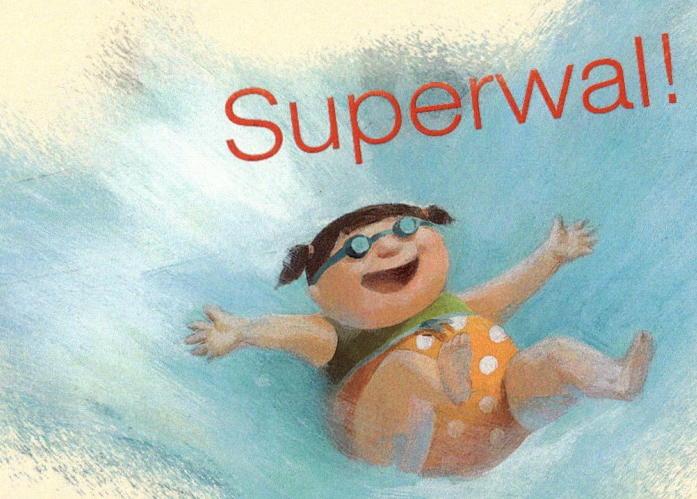

Superwal!

Text: Davide Calì
Bilder: Sonja Bougaeva

Vom Nehmen und vom Geben

Ich möchte dich an der Hand nehmen,
in den Arm nehmen,
ernst nehmen,
auch mal auf den Arm nehmen
und dich nehmen,
so wie du bist.

Ich möchte dir Wurzeln geben,
Wärme geben,
Kraft geben,
Freiraum geben
und,
wenn es Zeit wird,
Flügel geben.

Gerda Anger-Schmidt

WAS BIN ?

EIN KLEINER W
MIT RUNDEM GES
UND ÜBERGEW
ODER BIN ICH N

T
T
T?
TS?

ABER ICH WEIß...
FÜR DICH BIN

W   T/G !

Antje Damm

Ich bin ein Brötchen mit Frikadelle, Tomate und Gurke.

Ich lebe in einer großen Stadt in Norddeutschland.

68

Lösung S. 207

mit
SILBEN
lesen

Jo-Jo

Lesebuch 3

Lernspuren

Das kann ich schon

Name:

_____

_____

Klasse:

_____

Cornelsen

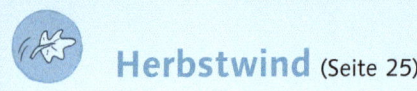

Zapfen untersuchen

(1) Warum fressen die Tiere Fichtenzapfen an? Kreuze an.

☐ Sie ernähren sich von den äußeren Schuppen.

☐ Sie wollen an die Samen gelangen.

☐ Sie wollen an das Innere gelangen.

(2) Welches Tier hinterlässt welchen Zapfen? Schreibe auf.

Der Zapfen ist sehr zerrupft.

Der Zapfen hat keine Schuppen mehr.

Vom Zapfen ist nur noch das Innere übrig.

(3) Binde einen Faden an einen großen Fichtenzapfen.
Hänge ihn auf den Balkon oder auf die Terrasse.

Was passiert bei warmem, trockenem Wetter? Schreibe auf.

Wie sieht der Zapfen aus, wenn es feucht ist? Schreibe auf.

       Diese Seite fand ich   O leicht   O mittel   O schwer

(4) Was passiert mit den Samen, wenn das Wetter warm und windig ist? Scheibe auf.

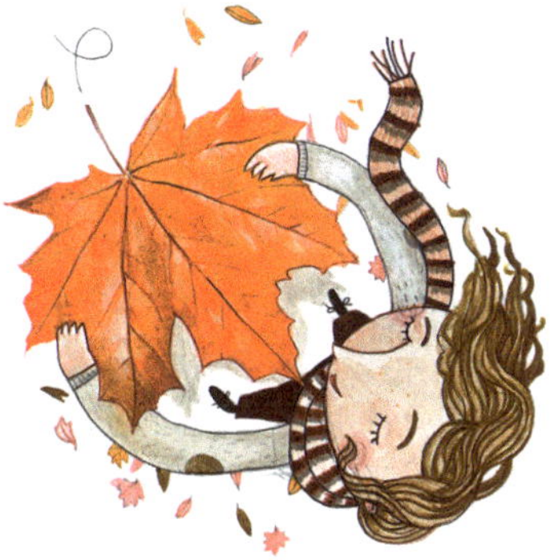

Den Sachtext „Zapfen untersuchen" fand ich

☐ leicht zu lesen ☐ schwierig zu lesen

Das hat mir im Kapitel Herbstwind gut gefallen:

Diese Seite fand ich O leicht O mittel O schwer

Münchhausen auf dem Mond

1 Was erzählt Münchhausen über die Bewohner des Mondes?
Kreuze alle richtigen Antworten an.

☐ Die Bewohner reiten auf dreiköpfigen Geiern.

☐ Sie haben nur ein Ohr.

☐ Alle haben grüne Augen.

☐ Sie können die Augen in die Hand nehmen.

☐ Um zu essen, öffnen sie einfach ihre linke Seite.

☐ Zum Essen brauchen sie viel Zeit.

2 Erkläre, wie Münchhausen auf den Mond gekommen ist.

(3) Stelle dir vor, Münchhausen ist auf dem Mars gelandet.
Was berichtet er von den Bewohnern dort? Male oder schreibe.

Die Lügengeschichte „Münchhausen auf dem Mond" fand ich

☐ leicht zu lesen   ☐ schwierig zu lesen

Das hat mir im Kapitel Lügengeschichten gut gefallen:

Diese Seite fand ich   ○ leicht   ○ mittel   ○ schwer

Das Kätzchen auf Dovre

1 Was trifft auf den Text zu? Kreuze an.

☐ Es wird etwas erzählt, das wirklich passiert ist.

☐ Der Text beginnt mit „Es war einmal".

☐ Der Text könnte in einer Zeitung stehen.

☐ Der Text erklärt mir etwas.

☐ Zu dem Text könnte es Fotos geben.

☐ Es kommen die Zahlen drei, sieben oder dreizehn vor.

☐ Am Ende geht alles gut aus.

☐ Es kommen Zauberwesen darin vor.

2 Erkennst du die Textart? Was ist das für ein Text?
Schreibe auf.

Diese Seite fand ich   O leicht   O mittel   O schwer

3 Untersuche den Text „Die drei Knödel" auf den Seiten 118 und 119 im Lesebuch. Welche Textart ist es? Welche Merkmale fallen dir auf? Entscheide und begründe.

Den Text „Das Kätzchen auf Dovre" fand ich

☐ leicht zu lesen   ☐ schwierig zu lesen

Das hat mir im Kapitel Winterkälte gut gefallen:

Diese Seite fand ich   ○ leicht   ○ mittel   ○ schwer

Kurz der Kicker

(1) Kreuze an. Als Kurz noch ein Junge war,

☐ war er klein, grantig und saß nur herum.

☐ war er klein, grantig und stand nur herum.

☐ war er faul, grantig und stand nur herum.

(2) Als Kurz ein Junge war, mochte er
Fußballspielen nicht.
Beschreibe zwei Situationen aus dem Text,
die davon erzählen.

Sich in eine Rolle hineinversetzen

3 Kurz fragt den Trainer: „Was muss ich tun, um zu gewinnen?"
Warum will Kurz das wissen? Erkläre.

Das Spielstück „Kurz der Kicker" fand ich

☐ leicht zu lesen ☐ schwierig zu lesen

Das hat mir im Kapitel Freizeit gut gefallen:

Internet-Lexikon

(1) Wobei hilft dir eine Suchmaschine im Internet?
Kreuze an.

☐ Etwas Verlorenes wiederzufinden.

☐ Freunde zu finden.

☐ Informationen zu einem bestimmten Thema zu finden.

☐ Auf andere Internetseiten zu gelangen.

☐ Anderen eine E-Mail zu schreiben.

(2) Worauf musst du im Internet achtgeben?
Verbinde, was zusammengehört, lies im Text nach.

Verrate im Internet nie deinen Namen, deine Adresse und Telefonnummer.	Auf Internetseiten kann auch Quatsch stehen.
Gib im Internet und in E-Mails keine Geheimnisse von dir preis.	Wende dich an einen Erwachsenen, dem du vertraust.
Es kann passieren, dass dir im Internet etwas merkwürdig vorkommt.	Gauner könnten versuchen, an dein Geld zu kommen.
Glaube nicht einfach alles, was im Internet steht.	Auch E-Mails können von anderen gelesen werden.

3 Zu welchen Themen hast du schon im Internet
Informationen gesammelt? Welche Suchmaschinen
haben dir dabei besonders geholfen?
Schreibe auf.

Die Sachtexte „Internet-Lexikon" und „Aufpassen!" fand ich

☐ leicht zu lesen   ☐ schwierig zu lesen

Das hat mir im Kapitel Medien gut gefallen:

Zwei Deutschlands

1 Wann demonstrierten besonders viele Menschen in Leipzig?

[   ]

[   ]

2 Welche Stadt war früher geteilt? Kreuze an.

☐ Leipzig

☐ München

☐ Berlin

Die Stadt war geteilt zwischen

☐ Osten und Westen.

☐ Norden und Süden.

Sie wurde geteilt von

☐ einem breiten Tal.

☐ einer hohen Mauer.

☐ einer dichten Hecke.

☐ einem tiefen Fluss.

Diese Seite fand ich   ○ leicht   ○ mittel   ○ schwer

Einen Sachtext und ein Schaubild nutzen

3 Wohin konnten die Menschen vor 1989 nicht so einfach reisen?
Kreuze alle richtigen Antworten an.

- ☐ von Schleswig-Holstein nach Bayern
- ☐ von Brandenburg nach Thüringen
- ☐ von Sachsen nach Mecklenburg-Vorpommern
- ☐ von Sachsen-Anhalt nach Niedersachsen
- ☐ von Sachsen nach Hamburg
- ☐ von Thüringen nach Hessen
- ☐ von Brandenburg nach Nordrhein-Westfalen

Den Sachtext „Zwei Deutschlands“ und
die Landkarte fand ich

☐ leicht zu lesen ☐ schwierig zu lesen

Das hat mir im Kapitel Zeit vergeht gut gefallen:

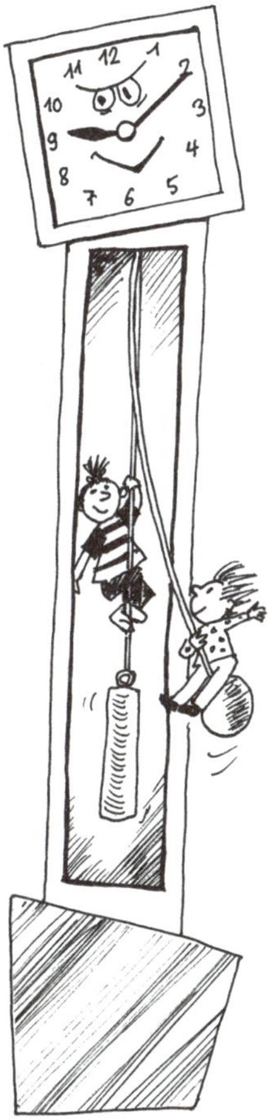

Anton taucht ab

(1) Wie heißt der kleine Freund von Anton? Kreuze an.

☐ Seeigel   ☐ Haifisch

☐ Piranha   ☐ Kugelfisch

(2) Was erfährst du über das Glas, in dem der Fisch schwimmt?
Kreuze alle richtigen Antworten an.

☐ Es ist ein Marmeladenglas.

☐ Es ist schwer.

☐ Es ist ein Gurkenglas.

☐ Es geht kaputt.

☐ Es fällt mit Anton zusammen ins Wasser.

(3) Was meinst du, schwimmt Anton gerne in dem See?
Welche Hinweise findest du im Text? Schreibe auf und
gib die Textzeilen an.

Gefühle verstehen

(4) Warum lässt Anton den Fisch frei? Erkläre.

_____

_____

_____

_____

_____

_____

_____

_____

Die Geschichte „Anton taucht ab" fand ich

☐ leicht zu lesen   ☐ schwierig zu lesen

Das hat mir im Kapitel Sommerhitze gut gefallen:

_____

_____

_____

_____

_____

Martin Baltscheit: Alles bringt mich auf Ideen

(1) Was hat Martin Baltscheit vor dem ausführlichen Schreiben
einer Geschichte bereits festgelegt und notiert?
Kreuze alle richtigen Antworten an.

☐ das Ende

☐ die grobe Handlung

☐ die Idee

☐ die Figuren

☐ die Einzelheiten

☐ kurze Sätze als Hilfe zum ausführlichen Schreiben

(2) Wie lange kann es dauern, bevor eine Geschichte fertig ist?
Warum ist das so?

_____

_____

_____

_____

_____

_____

_____

3 Martin Baltscheit sagt: „Jeder Mensch kommt mit verschiedenen Talenten auf die Welt. Wir haben viele Aufgaben, es ist also möglich, dass jeder nach seinen Talenten glücklich wird." Was meint er damit? Schreibe auf.

Das Interview mit Martin Baltscheit fand ich

☐ leicht zu lesen   ☐ schwierig zu lesen

Das hat mir im Kapitel Ich liebe Bücher gut gefallen:

Kinderbücher

(1) Welche Kinderbücher kennst du schon?
Schreibe oder male in das Regal.

(2) Bewerte, wie die Bücher dir gefallen haben:
★★★ = sehr gut, ★★ = gut, ★ = nicht so gut.

Vorlage zum Führen individueller Kompetenzgespräche

Hier schreibst du zusammen mit deiner Lehrerin auf,
was du schon alles kannst.

Lesefähigkeiten		Datum	Anmerkungen
Ich verstehe die Bedeutung von Wörtern und Sätzen.	○		
Ich kann verstehen, was ein Text sagen will.	○		
Ich kann Texte flüssig lesen.	○		
Ich kann Texte betont vorlesen.	○		

Lesefähigkeit und Leseerfahrung dokumentieren		Datum	Anmerkungen
Ich kann einschätzen, wie gut ich gelesen habe.	○		
Ich kann das Lesen üben.	○		
Ich kann sagen, was ich gerne lese.	○		
Ich tausche mich mit anderen darüber aus, was ich gerne lese.	○		
Ich schreibe in ein Lesetagebuch.	○		

Leseverstehen vertiefen		Datum	Anmerkungen
Ich kann verschiedene Arten von Sachtexten unterscheiden.	○		
Ich kann Berichte erkennen.	○		

Ich kann einen Lexikoneintrag erkennen.	⭘		
Ich kann eine Anleitung erkennen.	⭘		
Ich kann verschiedene Arten von erzählenden Texten unterscheiden.	⭘		
Ich kann Märchen erkennen.	⭘		
Ich kann Spielstücke erkennen.	⭘		
Ich kann verschiedene Medien nutzen.	⭘		
Ich besuche eine Bücherei.	⭘		
Ich kenne Autorinnen und Autoren von Kinderbüchern.	⭘		
Ich kenne berühmte Kinderbücher.	⭘		
Ich kann erzählen, worum es in einem Buch geht.	⭘		
Ich kann mir Dinge vorstellen, die in einem Text beschrieben werden.	⭘		
Ich kann Gefühle von Figuren aus einem Text verstehen.	⭘		
Ich kann mit anderen über Figuren aus einem Text sprechen.	⭘		
Ich kann zu Geschichten und Gedichten malen und gestalten.	⭘		
Ich kann Informationen in Medien suchen.	⭘		
Ich kann meine Erfahrungen mit Medien beschreiben.	⭘		

Texterschließungsstrategien nutzen		Datum	Anmerkungen
Ich kann vor dem Lesen sagen, was ich schon über ein bestimmtes Thema weiß.	◯		
Ich kann unbekannte Wörter klären.	◯		
Ich kann Schlüsselwörter in einem Text finden.	◯		
Ich kann W-Fragen zu einem Text stellen.	◯		
Ich kann auf W-Fragen zu einem Text Antworten finden.	◯		
Ich kann einen Text in Abschnitte einteilen.	◯		
Ich kann Informationen aus einem Text entnehmen.	◯		
Ich kann Informationen aus einem Text mit Stichworten wiedergeben.	◯		
Ich kann einzelne Stellen in Texten finden.	◯		
Ich kann meine Meinung begründen.	◯		
Ich kann Anleitungen verstehen und danach handeln.	◯		
Ich kann nachfragen, wenn ich etwas nicht verstehe.	◯		

Texte präsentieren		Datum	Anmerkungen
Ich kann Texte vortragen.	◯		
Ich kann Texte auswendig vortragen.	◯		
Ich kann mit meinem Gesicht und meinem Körper etwas ausdrücken.	◯		
Ich kann einen Lesevortrag halten.	◯		
Ich kann ein Kinderbuch aussuchen und anderen vorstellen.	◯		

Das hast du
prima gemacht.

🙂 Das kann ich schon

Seite 2	Herbstwind	einen Sachtext nutzen, ein Experiment durchführen	○ ○ ○
Seite 4	Lügengeschichten	mir Dinge vorstellen und dazu malen	○ ○ ○
Seite 6	Winterkälte	Textart erkennen	○ ○ ○
Seite 8	Freizeit	mich in eine Rolle hineinversetzen	○ ○ ○
Seite 10	Medien	das Internet nutzen	○ ○ ○
Seite 12	Zeit vergeht	einen Sachtext verstehen, eine Landkarte lesen	○ ○ ○
Seite 14	Sommerhitze	Gefühle verstehen	○ ○ ○
Seite 16	Ich liebe Bücher	verstehen, wie ein Autor schreibt	○ ○ ○
Seite 18	Ich liebe Bücher	Bücher kennen und bewerten	○ ○ ○

Jo-Jo Lesebuch 3 Lernspurenheft
Redaktion: Dr. Birgit Waberski
Illustrationen: Lars Baus, Imke Sönnichsen
Gesamtgestaltung und technische Umsetzung: Heike Börner

Dieses Heft ist Bestandteil des Jo-Jo Lesebuches 3 (ISBN 978-3-06-080832-8) und nicht einzeln bestellbar. Es kann im 10er-Pack nachbestellt werden (ISBN 978-3-06-080870-0).

Verwandte

Ich hab zwei Omas und zwei Opas,
zwei Onkel und drei Tanten.
Wir machen oft ein Riesenfest
daheim mit den Verwandten.

5 Noch fünf Cousinen, vier Cousins,
die hab ich außerdem.
Zum Spielen such ich mir wen aus,
denn das ist echt bequem.

Am liebsten machen wir das Spiel:
10 „Jetzt rate, wer ist wer?"
„Wer ist der Mann von Mamas Mama?"
„Der Opa Rüdiger."

„Wer ist der Sohn von Papas Papa?"
„Na, Papa. Ist doch klar!"
15 „Der Sohn von Papa?" – „Der bin ich.
Das find ich wunderbar."

Regina Schwarz

Lies auch
sträwkcür:
Sei fein, nie fies!

Eddies Geschichte

Heute Morgen bin ich aufgewacht und war ein Pferd. Ich wusste,
dass es so kommt. Mama hat mich vorgewarnt. Sie hat gesagt:
„Eddie, wenn du dir etwas zu sehr wünschst, dann wird es
über Nacht wahr."
5 Und das habe ich jetzt davon.

Alles fing mit Nadja an. Seit Wochen haben wir in der Klasse
über nichts anderes mehr gesprochen: Pferde dies und Pferde das.
Und dann hat Nadja erzählt, sie würde bald Reitstunden
bekommen. Da hab ich gesagt: „Wenn du Reitstunden bekommst,
10 dann werde ich doch glatt zum Pferd." Alle haben gelacht und
Nadja hat eine Schnute gezogen.
Und jetzt ratet mal, wer heute seine erste Reitstunde haben soll?!
Richtig, Nadja.

Ich und mein loses Maul. Was mache ich jetzt? Anziehen brauche
15 ich mich ja nicht. Waschen kommt auch nicht in Frage. Mein Fell
glänzt und ist beinahe rot. Mama macht große Augen und sagt:
„Eddie, habe ich es dir nicht gesagt? Denk jetzt bloß nicht, dass du
nicht zur Schule musst."

Leise schiebe ich die Tür zum Klassenzimmer auf und schleiche
20 mich rein. Meine Hufe machen klocka-di-klock und alle drehen
sich um. Voll erwischt.
„Eddie?!", ruft Iris. Nadja ist blass wie ein Stück Kreide.
Die Gesichter der anderen leuchten vor Bewunderung.

Ich setze mich mit dem Hintern auf den Boden. So. Jetzt bin ich
25 noch immer größer als alle anderen, die auf Stühlen sitzen. Spitze.
„Und nachher", sage ich so laut, dass man es bis in die letzte
Reihe hören kann, „gibt es Reitstunde für alle."
Das ist der Moment, in dem Nadja laut zu schluchzen beginnt.
Im nächsten Moment ist sie aufgestanden und aus der Klasse
30 gerannt.

„Was habe ich getan?", frage ich unschuldig, obwohl ich genau
weiß, was ich getan habe. Ich hätte das mit der Reitstunde nicht
sagen sollen. Das war so, als ob ich Nadjas Geburtstagsgeschenke
einen Tag vor ihr ausgepackt hätte.

35 In der Pause lasse ich die Mädchen auf meinem Rücken reiten.
Im Sportunterricht wird mir das Fell gestriegelt und ich mache
beim Weitsprung einen Weltrekord. Wenn ich lache, klingt es
wie ein Wiehern. Nach der Schule gebe ich Reitstunden im Park.
Jetzt dürfen sogar die Jungs mitmachen.
40 Aber was ich auch tue, die ganze Zeit
muss ich an Nadja denken. Jetzt hat
jeder vor ihr Reitstunden bekommen.
Irgendwie ist das gerecht –
und irgendwie gemein.

Zoran Drvenkar

Was ist
dein Lieblingstier?
Stell dir vor, du wirst es.
Was würde passieren?

Ich

Ich stehe
manchmal
neben mir
und sage
freundlich
DU zu mir
und sag
DU bist
ein Exemplar
wie keines
jemals
vor dir war
DU bist
der Stern
der Sterne
Das hör ICH
nämlich gerne

Jürgen Spohn

Heute probieren wir's

Ich drücke meiner großen Schwester
ein 2-Euro-Stück in die Hand.
Mutter drückt ihr den Zettel
in die andere.
5 Auf dem Zettel steht, was Nora
einkaufen soll.

„Drei Brötchen", sage ich und
zeige zur Zettelhand.
„Zwei Euro", sagt Mutter und
10 zeigt zur Geldhand.
Meine Schwester nickt, sieht auf
die eine, dann auf die andere Hand.
Ich glaube, sie hat verstanden,
was wir meinen.
15 „Ge-hen", sagt sie langsam.
„Ja", sagt die Mutter.
Nora setzt sich auf den Stuhl im
Flur. Das tut sie immer, wenn man
ihr die Schuhe anziehen und
20 zubinden soll. Vor allem das
Zubinden schafft sie nicht. Und jetzt
geht meine große Schwester zum
ersten Mal alleine zum Bäcker.
Immer wieder haben wir das mit ihr
25 geübt und ihr alles genau gezeigt.
Das muss man auch, sonst kann sie
es sich einfach nicht merken.

Mutter öffnet die Wohnungstür
und streicht Nora über die Haare.
30 Nora bleibt stehen.
„Was ist?", fragt Mutter.
Meine Schwester hört irgendetwas
und lächelt.
„Psst", sagt Mutter. „Musik."
35 Manche Dinge bekommt Nora
schneller mit als wir.
Einen Moment sind wir ruhig im
Flur. Hören zu dritt leise Musik aus
dem Treppenhaus. Plötzlich klatscht
40 Nora in die Hände und freut sich.
„Tschüss", sagt Mutter dann und
schließt die Wohnungstür.
Nora geht los, mit Zettel und Geld.

Wir stellen uns nebeneinander ans
45 Küchenfenster. Von hier oben im
dritten Stock können wir genau
sehen, was auf der Straße passiert.

„Wo steckt sie denn?", fragt Mutter
ungeduldig. „Hoffentlich hat sie sich
50 nicht einfach auf eine Treppenstufe
gesetzt und bleibt sitzen."
In diesem Augenblick kommt Nora
drei Stockwerke unter uns aus der
Haustür.
55 „Da ist sie!", sage ich.
„Toll", sagt Mutter. „Das erste
Hindernis hat sie geschafft."
Eigentlich sieht das aus wie bei
anderen auch, wenn Nora den
60 Gehsteig entlanggeht.
Erst einmal kann sie nicht viel
falsch machen. Sie braucht nämlich
nur immer geradeaus zu gehen,
aber gleich wird's schwieriger.
65 „Jetzt muss sie über die Straße",
sagt Mutter.
„Schafft sie bestimmt", sage ich.
„Haben wir oft geübt."
Wir gucken nach unten, wo meine
70 große Schwester an der Fußgänger-
ampel wartet.

„Warum drückt sie den Knopf
denn nicht?", fragt Mutter.
„So wird's nie Grün."
75 Am liebsten würde sie losrennen
und den Knopf für Nora drücken.
Das sehe ich ihr an.
„Guck … sie hat gedrückt",
sage ich.
80 Mutter fasst mich am Arm und beißt
sich auf die Unterlippe. Das macht
sie immer, wenn sie sich aufregt.
„Geh nicht gleich los", bittet sie,
als würde sie neben Nora stehen.
85 Auf die Idee loszugehen könnte
Nora wirklich kommen, weil weit
und breit kein Auto zu sehen ist.
„Nee, tut sie nicht", sage ich,
obwohl ich gar nicht so ganz
90 sicher bin.
„Es ist doch Rot."
Nora muss sich genau an die Regeln
halten. Sie kann den Verkehr
nämlich nicht so gut einschätzen
95 wie andere. Außerdem reagiert sie
langsamer, wenn zum Beispiel ein
Auto kommt. Sie hat nämlich bei
der Geburt eine Zeit lang keine Luft
bekommen. Dabei ist etwas mit
100 ihrem Gehirn passiert.

„Rotes Männchen … stehen! Grünes Männchen … gehen!", flüstert Mutter. So haben wir das Nora oft gesagt und vorgemacht.

105 Sie muss es behalten haben.
„Rotes Männchen … stehen!
Grünes Männchen … gehen!"
Und Nora bleibt wirklich stehen.
„Schön, dass sie das jetzt kann!",
110 freue ich mich.

„Du, das hätten wir uns vor einiger Zeit nicht träumen lassen", sagt meine Mutter und stupst mich.
„Stimmt", sage ich. „Da konnte sie
115 ja nicht mal ihren Namen richtig aussprechen."

„Sie lernt zurzeit prima", sagt Mutter. „Man versteht schon mehr von dem, was sie sagt."

120 Nora ist über die Straße gegangen. Sie steht bewegungslos, als würde sie nachdenken. Hat sie vergessen, wohin sie soll?
„Nach rechts musst du. Geh nach
125 rechts!", sagt Mutter. Da dreht sich Nora etwas und geht … nach rechts.
„Irre!", sagt Mutter und pustet Luft aus.

Achim Bröger

75

Jonas und Pablo

Jonas fährt wieder an den Fluss, obwohl er das nicht darf.
„Ich möchte viel lieber in einer Wohngemeinschaft wohnen,
so wie du", sagt Jonas. „Da kann man machen, was man will.
Ich muss dauernd machen, was Mama und Papa wollen.
5 Und die haben dann immer Angst, dass mir was passiert."
„Und ich möchte viel lieber so wohnen wie du", sagt Pablo.
„Mit einer richtigen Familie."
„Dafür hast du einen Hund", sagt Jonas düster. „Ich krieg keinen."
„Dafür hast du eine kleine Schwester", sagt Pablo, „ich kriege
10 keine."
Jonas und Pablo schauen in den Fluss und jeder stellt sich vor,
wie gut es der andere hat.
„Ich weiß was!", sagt Jonas plötzlich. „Wir lassen uns scheiden!
Dann wohne ich in deiner Wohngemeinschaft und du wohnst
15 bei mir und spielst mit meiner kleinen Schwester."

Bettina Obrecht

Wer bin ich?

1. Ich bin der Sohn von deinem Opa.
   Aber ich bin nicht dein Vater.

2. Ich bin die Mutter deiner Mutter.

3. Ich bin die Tochter
   deiner Tante.

Meine ganze Familie

Yunus heißt auf Deutsch Delfin. Mein Lieblingstier ist auch ein Delfin.

Zur Mutter von meiner Mama sage ich Omi. Sie wohnt in Italien
und hat mit mir Sonnenblumen eingepflanzt.

Mein Opa ist ein italienischer Opa. Ich sage Nonno zu ihm. Mit ihm
5 arbeite ich. Wir holen zusammen Kaminholz für den Winter. Er ist
Mamas Stiefvater. Ich möchte auch gern einen Stiefvater haben.
Wenn Mama Lewis heiratet, habe ich endlich einen.

Die Mama von Papa heißt Nine. Das bedeutet Oma. Sie will mich
immer küssen. Dann renne ich weg. Manchmal erwischt sie mich aber,
10 dann gibt es keine Rettung. Papa und ich waren mal mit Nine im Wald.
Sie weiß genau, welche Pilze man essen kann und welche giftig sind.
Und sie findet immer noch essbare Pilze, auch wenn vor uns schon
100 Leute durch den Wald gestiefelt sind.

Den Papa von meinem Papa kenn ich nicht.
15 Der wohnt in Istanbul in der Türkei.

Den echten Papa von meiner Mutter kenne ich auch nicht.
Er wohnt auch weit weg von uns und in einer anderen Stadt.

Mein Lieblingsessen ist Falafel und Spaghetti.

Anja Tuckermann

Calvin und Hobbes

So sind Mädchen, so sind Jungen

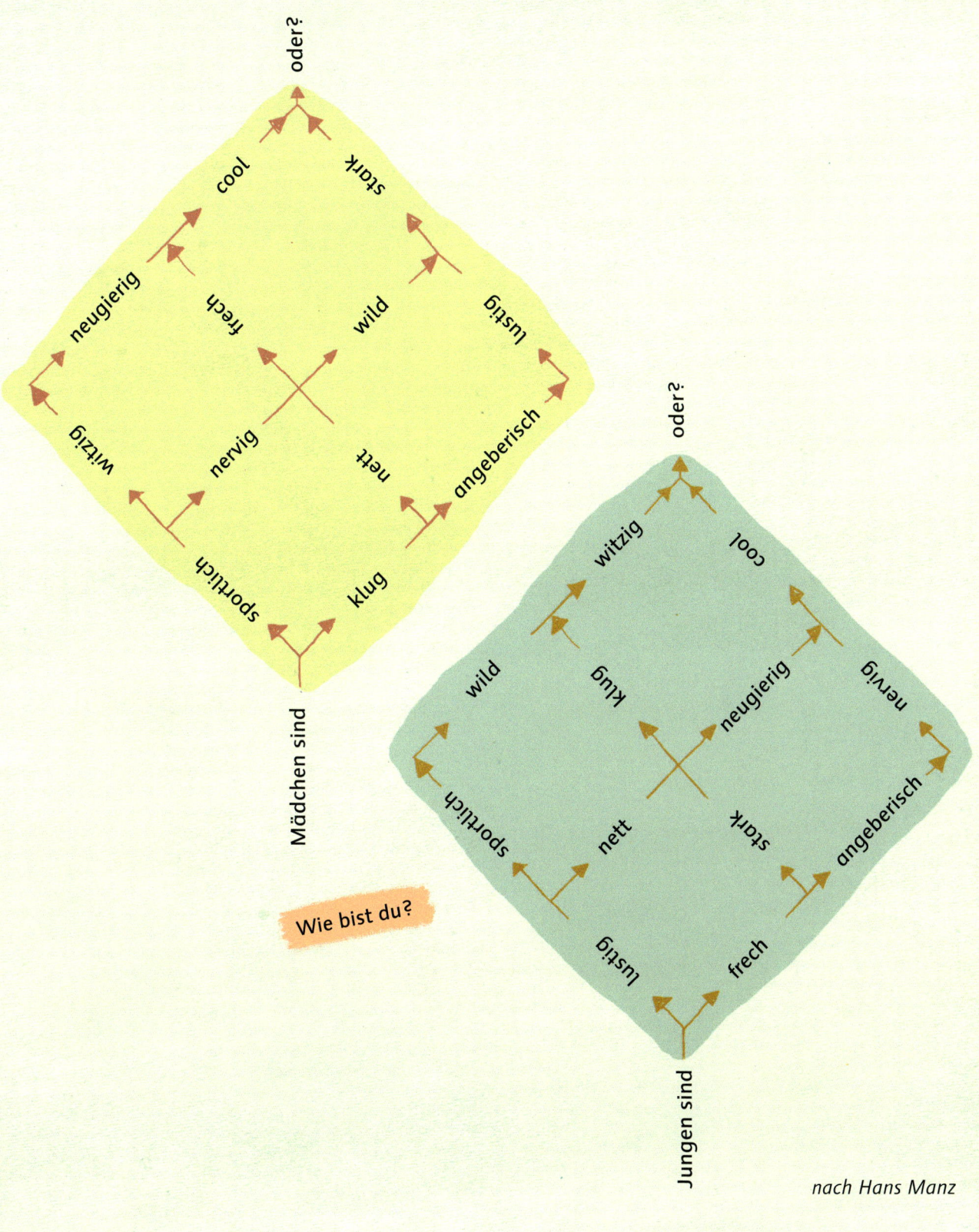

Mädchen sind oder? cool stark neugierig frech wild lustig witzig nervig nett angeberisch sportlich klug

Wie bist du?

Jungen sind oder? witzig cool wild klug neugierig nervig sportlich nett stark angeberisch lustig frech

nach Hans Manz

Freizeit

Es war einmal ein Kind

Es war einmal ein Kind,
das spielte mit dem Wind.

Der Wind war ihm zu kalt.
Da spielte es im Wald.

₅ Der Wald war ihm zu dumpf.
Da spielte es beim Sumpf.

Beim Sumpf war's ihm zu kahl.
Da spielt' es mit dem Ball.

Der Ball, der rollte weg.
₁₀ Da spielte es im Dreck.

Der Dreck ließ sich nicht greifen.
Da schlug das Kind den Reifen.

Der Reifen war nicht heil.
Da sprang es übers Seil.

₁₅ Das Seil, es war zerrissen.
Da spielte es mit Kissen.

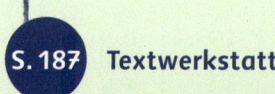

Die Kissen war'n zu weich.
Da spielte es im Teich.

Der Teich war voll Geflimmer.
20 Da spielte es im Zimmer.

Im Zimmer war's zu doof.
Da spielte es im Hof.

Im Hofe gab es Ecken.
Da spielte es Verstecken.

25 Verstecken war nicht fein.
Da spielte es allein.

Alleinsein war nicht gut.
Da spielte es mit Ruth.

Text: James Krüss / Bilder: Anke Kuhl

Schnupper-Seite: Freizeit

Langeweile?
Tu was!

ROLL MÖPSE
SPEISE EIS
MAL STIFTE
RATE SPIELE
5 BAU KLÖTZE
FANG KÖRBE
LÖSCH BLÄTTER
TIPP FEHLER
SCHAUKEL PFERDE
10 PUSTE BLUMEN
KNEIF ZANGEN

Nora Clormann-Lietz

Lustige Augen

Ganz einfach: Aus weißer Knete eine Kugel formen
und platt drücken. Eine kleinere schwarze Kugel
kommt darauf. Nun schau dich um: Was soll Augen
bekommen? Dann witzige Fotos machen.

Ich bin
das Gegenteil
eines Herrn.

Ich bin ein Spiel
mit schwarzen und
weißen Feldern.

Was macht ihr in eurer Freizeit?

Greta, 8 Jahre:

Am liebsten spiele ich Basketball. Ich lese gerne und mag Quizsendungen.

Luis, 11 Jahre:

Ich spiele gerne Computerspiele. Aber ich darf nur eine halbe Stunde am Tag spielen.

Was schaut ihr im Fernsehen? Was hört ihr im Radio? Beschreibt, warum.

Enes, 7 Jahre:

Ich habe eine Lieblings- serie. Aber ich schau auch immer die Kindernachrichten.

Kinga, 9 Jahre, Nubia, 10 Jahre:

Wir haben uns draußen eine Hütte gebaut. Da hören wir Radio und tauschen Comic-Hefte.

Einfach mal „faul" sein

deutsch	faul	ungarisch	lusta
englisch	lazy	italienisch	pigro
russisch	ленивый	schwedisch	lat
niederländisch	bedorven, lui	französisch	fainéant
polnisch	leniwy	türkisch	çürük, tembel
spanisch	perezoso	griechisch	τεμπτέλης

Luise

Mama hat gesagt, sie bekommt
Besuch. Eine Freundin von ihr kommt
und bringt ihr kleines Mädchen mit,
und ich war gar nicht besonders froh
5 darüber. Ich kann kleine Mädchen
nicht ausstehen, die können nichts
anderes spielen als Kaufladen und
mit Puppen.

Um vier Uhr ist die Freundin von
10 Mama gekommen und hat ihr kleines
Mädchen mitgebracht.

Luischen und ich, wir sind auf mein
Zimmer gegangen, und ich hab nicht
gewusst, was ich mit ihr sprechen soll.
15 Luischen hat zuerst was gesagt:
„Du siehst aus wie ein Affe."
Das hat mir gar nicht gefallen und ich
habe gesagt:
„Und du, du bist nur ein Mädchen",
20 und da hat sie mir eine Ohrfeige
gegeben. Und da hab ich Luischen am
Zopf gezogen und sie hat mich gegen
das Schienbein getreten.

Und dann hat Luischen mein Flug-
25 zeug entdeckt, mein prima Flugzeug
mit Gummimotor.

„Lass das liegen", hab ich gesagt,
„das ist nichts für Mädchen!"
Und ich hab versucht, ihr das Flug-
30 zeug wieder abzunehmen.
„Ich bin eingeladen", hat sie gesagt.
„Ich darf mit deinen Sachen spielen,
mit allen – und wenn du mich
nicht spielen lässt, dann rufe ich
35 meine Mama!"

Und dann hat sie das Flugzeug aus
meinem Zimmerfenster rausgelassen.
„Mein schönes Flugzeug – jetzt ist es
kaputt!", hab ich geschrien.
40 „Ist ja gar nicht wahr", hat Luischen
gesagt. „Guck mal, da unten im
Garten, da liegt es! Wir brauchen
es nur zu holen."

Geschichten vom kleinen Nick kannst du auch als Hörbuch hören. Es gibt sie auch auf DVD.

Unten im Garten hab ich das Flug-
45 zeug aufgehoben – war nichts passiert,
zum Glück. Und Luischen hat zu mir
gesagt, was sollen wir machen?
„Ich habe keine Spielsachen hier
draußen", habe ich gesagt, „außer
50 meinem Fußball."

Luischen hat gesagt, das ist eine prima
Idee.
„Stell dich da zwischen die beiden
Bäume", hat Luischen gesagt,
55 „so – und jetzt wollen wir mal sehen,
ob du halten kannst."

Und schon ist sie angelaufen
und – bumm – ein toller Schuss!
Ich habe den Ball nicht halten können
60 und klirr – eine Scheibe vom
Garagenfenster war hin.

Am Abend habe ich keinen Nachtisch
gekriegt zur Strafe. Aber macht
nichts – Luischen ist klasse. Die hat
65 einen tollen Schuss.

Text: René Goscinny
Bilder: Jean-Jacques Sempé

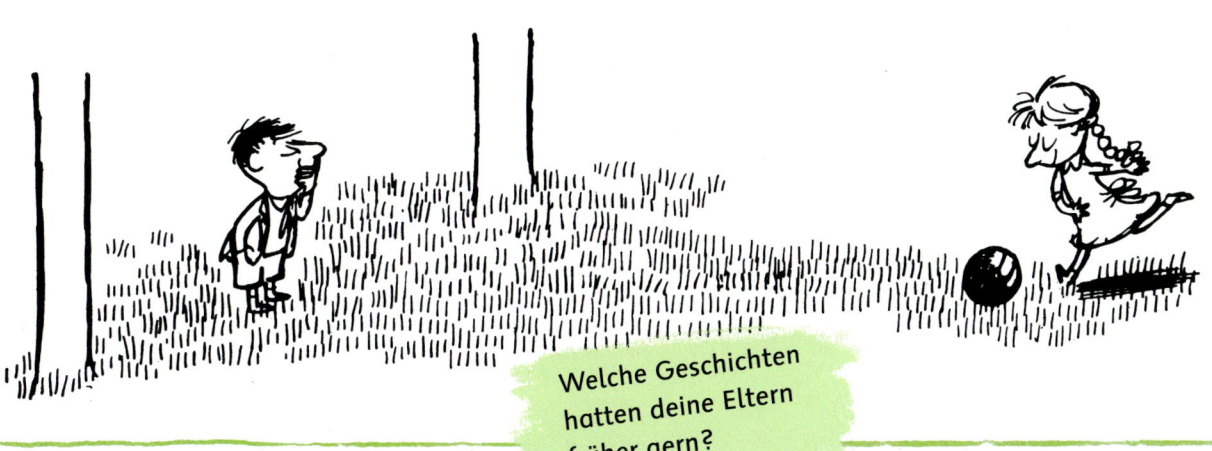

Welche Geschichten
hatten deine Eltern
früher gern?

85

Das Faultier

Mittags wacht das Faultier auf,
hebt den Kopf und lässt ihn sinken.
So beginnt sein Tageslauf.
Dann gähnt es sehr:
5 Uaaah!
Noch viel mehr:
Uaaaaaaaah!
Und es sagt:
„So, nun bin ich aufgewacht,
10 nun schlafe ich weiter.
Gute Nacht!"

Klopft man mal ans Faultierhaus,
steckt das Tier nach vielen Stunden
seinen Kopf zur Türe raus.
15 Dann gähnt es sehr:
Uaaah!
Noch viel mehr:
Uaaaaaaaah!
Und es sagt:
20 „Wer hat da mitten in der Nacht
einen solchen Krach gemacht?"

Geht das Faultier aus dem Hause,
schlüpft es in den linken Schuh,
und dann macht es erst mal Pause.
25 Dann gähnt es sehr:
Uaaah!
Noch viel mehr:
Uaaaaaaaah!
Und es sagt:
30 „Sucht mal meinen rechten Schuh,
denn ich bin zu faul dazu."

Wenn es Eis und Kuchen gibt,
wird das faulste Faultier wach,
weil es süße Sachen liebt.
35 Dann gähnt es sehr:
Uaaaaaaaah!
Und es sagt:
„Erdbeereis ist sehr gesund.
Schiebt's mir bitte in den Mund!"

Paul Maar

86

Was machst du gerne in deiner Freizeit?

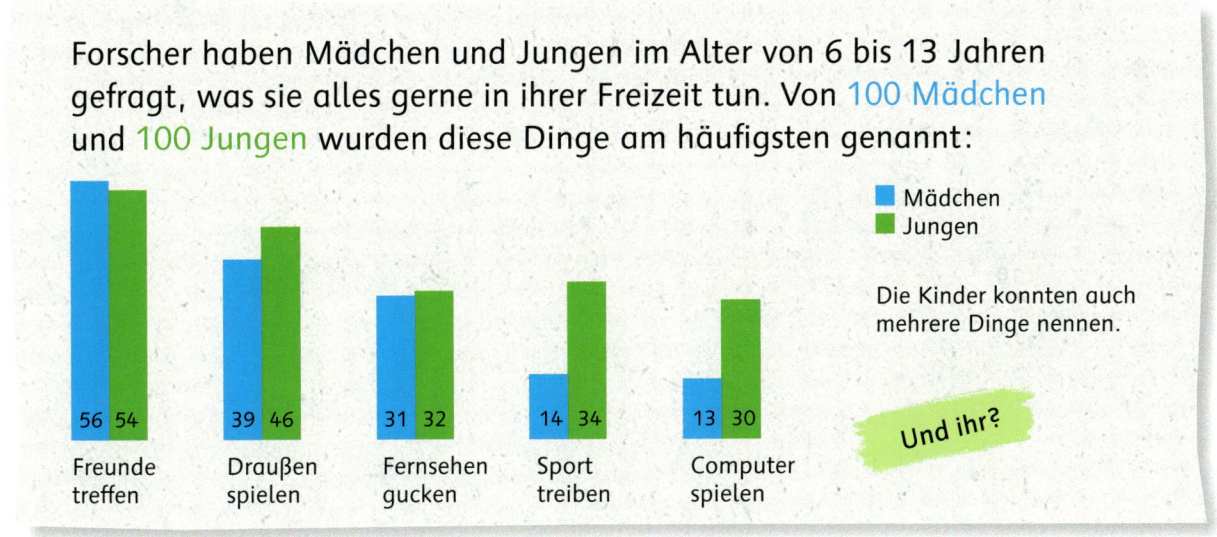

Forscher haben Mädchen und Jungen im Alter von 6 bis 13 Jahren gefragt, was sie alles gerne in ihrer Freizeit tun. Von 100 Mädchen und 100 Jungen wurden diese Dinge am häufigsten genannt:

Mädchen
Jungen

Die Kinder konnten auch mehrere Dinge nennen.

Und ihr?

	Freunde treffen	Draußen spielen	Fernsehen gucken	Sport treiben	Computer spielen
Mädchen	56	39	31	14	13
Jungen	54	46	32	34	30

Verrückte Sportarten

Wirf dein Handy! In Finnland gibt es eine Meisterschaft im Handy-Weitwurf. Die Teilnehmer schleudern ihre Telefone so weit wie möglich. Ein Sportler schaffte mehr als 100 Meter.

Wer macht das witzigste Gesicht? In England treffen sich Menschen zum Wettbewerb im Grimassenschneiden. Einer ließ sich sogar Zähne ziehen, um lustiger auszusehen.

Auf die Wanne, fertig, los! In Deutschland treten Menschen zu Badewannen-Rennen an. Wer mit seiner Wanne auf einem Fluss oder Becken das Ziel zuerst erreicht, gewinnt. Bei einigen Wettbewerben zählt auch, wer seine Wanne am lustigsten verziert hat.

Kurz der Kicker

Sportreporter: Kurz legt den Ball auf den Elfmeterpunkt. Wenn er den reinmacht, haben sie gewonnen. Es ist die letzte Minute vom Spiel.

Erzählerin: Früher, als er noch ein kleiner Junge
5 war, hieß Kurz nicht Kurz, sondern Uwe. Uwe Kowalla. Und richtig gut konnte der Kowalla nix. Er war klein und grantig, stand immer nur herum, und wenn einer was fragte, sagte er nur:

Uwe Kowalla: Is mir doch egal!

10 **Erzählerin:** Auch am Tag, als Onkel Alwin ihm den Lederfußball zum 6. Geburtstag schenkte.

Uwe Kowalla: Is mir doch egal!

Erzählerin: Er trat vor das runde Ding. Das flog dann durch die Scheibe, über den Hof, durch noch eine Scheibe
15 und schließlich in die Suppe vom Hausmeister. Aber statt Kloppe und Stubenarrest, meldete Vater Kowalla seinen Sohn im Fußballverein an. Stürmer sollte er werden. Aber Uwe hatte keine Lust, Stürmer zu sein. Und als man ihn fragte, sagte er nur:

20 **Uwe Kowalla:** Is mir doch egal!

Erzählerin: Immer wenn der Ball auf ihn zurollte, trat er ihn weg. Also stellte der Trainer Uwe, den jetzt alle nur noch „Kurz" nannten, neben den Torpfosten. Von dort sollte er Abschläge machen. Und Kurz machte Abschläge. Die schönsten Abschläge,
25 die man je gesehen hatte. Die Zuschauer kamen von überall her, um die Abschläge des kleinen Kurz zu bestaunen.

Rollen mit Text
Sportreporter
Erzählerin
Kurz der Kicker
Uwe Kowalla
  (= Kurz als Kind)
Trainer

Rollen ohne Text
Onkel Alwin
Vater
Hausmeister
Fußballspieler
Schiedsrichter
Torwart
Zuschauer

Trainer: Mit Abschlägen allein kann man kein Spiel gewinnen!

Uwe Kowalla: Is mir doch egal!

Erzählerin: Kurz wurde älter. Seine Kameraden auch. Sie wollten
30 gewinnen, Kurz nicht. Er wollte nur Abschläge machen.
Da spielte niemand mehr mit ihm. Nachdem Kurz eine Saison lang
nachgedacht hatte, ging er zum Trainer und fragte:

Uwe Kowalla: Trainer, was muss ich tun, um zu gewinnen?

Trainer: 1. Regel: Ein Spiel dauert 90 Minuten.
35 Der Ball ist rund und gewinnen kann immer nur einer.
2. Regel: Fußball ist ein fairer Sport. Wer tritt oder foult,
fliegt vom Platz. Wer nur so tut, als ob er gefoult wird, auch.
3. Regel: Ein Fußballer braucht Kondition, Technik, Taktik!
Letzte Regel: „Is mir doch egal!" kommt einem echten
40 Fußballer nicht über die Lippen!

Erzählerin: Kurz der Kicker hatte verstanden
und lernte, wie man ein Fußballspiel gewinnt.
Dies alles geht Kurz in den Sekunden durch den Kopf.
Sein ganzes Fußballleben. Bis zu diesem entscheidenden Elfmeter.
45 Kurz konzentriert sich. Er macht sich Mut, es ist ihm nicht egal.

Kurz der Kicker: Ich schieße unter die Latte, wie geübt,
der Schuss des Jahrhunderts.

Sportreporter: Kurz läuft an. Noch 3 Meter. Der Torwart trippelt
mit den Beinen. 2 Meter! Kurz holt aus und schießt ... v o r b e i !

50 **Erzählerin:** In der Nacht, als alle längst schlafen,
fliegt der Ball noch immer ...

Text: Martin Baltscheit / Bilder: Ulf K.

☺ Das kann ich schon:
mich in eine Rolle
hineinversetzen

Kurz der Kicker
ist auch ein Hörspiel.

Fauler Zauber

Der Zauberkünstler Mamelock
hebt seinen goldnen Zauberstock.
„Ich brauche", spricht er dumpf, „zwei Knaben,
die ziemlich viel Courage haben."

5 Da steigen aus dem Publikum
schnell Fritz und Franz aufs Podium.
Er hüllt sie in ein schwarzes Tuch
und liest aus einem Zauberbuch.
Er schwingt den Stock ein paar Sekunden.
10 Er hebt das Tuch – sie sind verschwunden!

Des Publikums Verblüffung wächst.
Wo hat er sie nur hingehext?
Sie sind nicht fort, wie mancher denkt.
Er hat die beiden bloß – versenkt!

15 Fritz sagt zu Franz: „Siehst du die Leiter?"
Sie klettern abwärts und gehen weiter.
Der Zauberkünstler lässt sich Zeit,
nimmt dann sein Tuch und wirft es breit.

Er schwingt sein Zepter auf und nieder –
20 doch kommen Fritz und Franz nicht wieder!
Der Zauberer fällt vor Schrecken um.
Ganz ähnlich geht's dem Publikum.

Nur Fritz und Franz sind voller Freude.
Sie schleichen sich aus dem Gebäude.
25 Und Mamelock sucht sie noch heute.

Erich Kästner

Zaubertrick: Fakirbeutel

Du brauchst:

• einen Tiefkühlbeutel aus Plastik

• Wasser

• gespitzte, runde Bleistifte oder Buntstifte

(Achtung: Mit eckigen Stiften funktioniert der Trick nicht!)

So geht's:

1. Du füllst so viel Wasser in den Tiefkühlbeutel,
   dass du den Beutel oben noch zuknoten kannst.
2. Dann beginnt die Vorstellung: Langsam bohrst du einen Stift
   nach dem anderen durch das Plastik, führst sie durch den Beutel
   und lässt sie auf der anderen Seite wieder herauskommen.

Weil sich nach dem Einstich das Plastik ganz eng um den Stift
herumlegt, fließt kein Wasser heraus.

Johnny Wilkens

Zaubertricks machen Spaß!
Zeigt sie euch.

Tieren auf der Spur

Die Werkstatt der Schmetterlinge

Vor langer Zeit gab es keine Schmetterlinge. Und viele
andere Pflanzen und Tiere nicht, die alle darauf warteten,
erschaffen zu werden. Das war die Arbeit der Gestalter
Aller Dinge. Für die Gestalter Aller Dinge gab es

5 ein strenges Gesetz: Sie hatten die Tiere für das Tierreich
zu erschaffen und für das Pflanzenreich die Pflanzen.
Dies durften sie auf gar keinen Fall durcheinander-
bringen.

Einer von ihnen war der junge Rodolfo. Oft traf er sich

10 mit seinen Freunden in einer Höhle im Wald.
Dann sprachen sie darüber, was man noch alles
für wunderbare Dinge erschaffen könnte, wenn es nur
diese strengen Regeln nicht gäbe.
„Ein Baum, der wie ein Vogel singt", fantasierten sie.

15 Was Rodolfo aber am meisten beschäftigte,
war etwas Neues: Ein Wesen, das wie ein Vogel und
gleichzeitig wie eine Blume sein sollte.

Die Freunde begannen nachzudenken.

„Wir könnten ein Insekt erfinden,
20 das leuchtet wie ein Stern, und es
Glühwürmchen nennen."
„Oder eins, das ängstlich wie
ein Känguru durchs trockene
Gras hüpft, und das nennen wir
25 Heuschrecke."
„Ich werde eins mit einem Panzer
wie eine kleine Schildkröte
machen, rot mit schwarzen
Punkten, einen Marienkäfer …",
30 sann Rodolfo vor sich hin.

Rodolfo arbeitete einige Tage
an seltsamen, buntschillernden
Kreaturen. Er erfand auch ein
winziges, aber ungemein starkes
35 Insekt, das er Ameise nannte.
Noch immer aber war sein
Traum ein Wesen, das Blume
und Vogel zugleich war.

Text: Gioconda Belli
Bilder: Wolf Erlbruch

Schmetterlinge von A bis Z

Admiral
Brombeer-Zipfelfalter
C-Falter
Dickkopffalter
5 **E**ichenspinner
Fensterfleckchen
Gelbe Tigermotte
Hummelschwärmer
Indianermotte
10 **J**akobskrautbär
Kleiner Fuchs
Landkärtchen
Mauerfuchs
Nagelfleck
15 **O**ckergelber Blattspanner
Purpurbär
Quittenvogel
Ringelspinner
Schornsteinfeger
20 **T**rauermantel
Upsfalter
Violett-Gelbeule
Waldteufel
Xylofonbrummer
25 **Y**psiloneule
Zitronenfalter

Achtung!
Drei Schmetterlinge
gibt es nicht!
Welche?

„Morgen trägt mich der Sommerwind
über Blumenwiesen dahin."
„Morgen", sagte das Raupenkind,
„wenn ich ein schöner Schmetterling bin."

Frantz Wittkamp

Es war einmal ein Igel

Es war einmal ein Igel
Dem wuchsen plötzlich Flügel.

Er flog, ihr glaubt es kaum
Auf einen Tannenbaum.

Dort hüpft er auf und nieder
Und singt die schönsten Lieder.

Nur morgens beim Erwacheln
Da spürt er seine Stacheln.

Franz Hohler

Die **Fledermaus** gehört zu den ältesten
Säugetieren der Welt. Fledermäuse sollen
schon vor mehr als 50 Millionen Jahren
auf der Erde gelebt haben. Sie haben
zwischen ihren „Fingern" eine Flughaut.
Ihre Beute jagen sie meist nachts.

Meise heiß ich,
bin kein Vogel,
bin das stärkste Tier.
Trage ohne große Mühe
mein Gewicht mal vier!

Christine und Heinz Brand

Ich bin ein langes
Tier ohne Beine.

Ich stehe
oft an der Kasse
oder vor einem
Schalter.

Kleiner Fuchs

An einem Zweig hängt eine merkwürdige grüne Frucht.
Geheimnisvoll, wie hinter verschlossenen Türen, arbeitet es
in dieser Hülle. Es formen sich Kopf, Leib und Flügel.
Wachsen die Beinchen, die schimmernden Flügelschuppen.
5 Nichts fehlt.
Der Schmetterling entsteht. Er lebt. Spürt das Sonnenlicht hinter
den dünnen Wänden. Stemmt sich dagegen, sprengt die Wand.
Langsam, Ruck für Ruck, schlüpft der Schmetterling heraus.
Steht auf dünnen Beinchen. Alles ist ungewohnt.
10 Wärme, Licht, Wind streicheln ihn. Berühren die feuchten,
schlappen Flügelchen. Sie wachsen im Licht.
Der junge Schmetterling spürt ihre Kraft. Schon steht er fest.
Breitet die rötlich schimmernden Flügel aus. Spürt Blumenduft
und Gräserduft. Die Fühler beben. Er hebt die Flügel.
15 Der Kleine Fuchs fliegt.

Lisa-Marie Blum

Arbeitsheft Fördern, S. 38   FöKV 15, KV 33

Perfekt versteckt

Bloß nicht auffallen – so lautet eine der wichtigsten Regeln im Tierreich.
Kein Wunder, denn hier zählt vor allem eins: das Überleben.
Um nicht von Feinden entdeckt zu werden oder um selbst erfolgreich
jagen zu können, haben sich viele Tierarten clevere Tricks einfallen lassen.

Rosa Geflügelte Stabschrecke,
Südostasien

Mimese – die Kunst, sich unsichtbar zu machen

Einige Tiere geben sich fast gar nicht zu erkennen.
Täuschend echt ahmen sie ihre Umgebung nach.
Sie passen ihr Gefieder, ihre Farben und sogar ihr
Verhalten daran an. Auf den ersten Blick halten wir
sie für Blätter, Baumrinde, Blüten, Zweige oder
Steine. Forscher nennen das „Mimese", ein perfektes
Versteckspiel, das Feinde oftmals in die Irre führt.

Hainschwebfliege, Europa,
Asien und Nordamerika

Mimikry – das Vorgaukeln von Gefahr

Einige Tiere ahmen das Aussehen von gefährlichen
Tieren nach. Dieser Trick funktioniert mit Hilfe von
Warnfarben. In der Natur stehen Schwarz-Töne,
Gelb-Töne und Rot-Töne für Gefahr. Diese Farben
signalisieren den Feinden, dass es sich um giftige
oder völlig ungenießbare Beute handelt. Zahlreiche
Tiere nutzen diesen Trick.
Die schwarz-gelb gestreifte Schwebfliege wird zum
Beispiel oft für eine gefährliche Wespe gehalten.
Dabei ist sie völlig harmlos, denn sie hat überhaupt
keinen Stachel. Genauso täuschen viele Schmetterlinge, Käfer und Insekten mit Hilfe ihres Aussehens
vor, viel gefährlicher zu sein, als sie in Wirklichkeit
sind. Nur so können sie sich viele Feinde vom Leib
halten. Fachleute nennen diesen Trick „Mimikry".

Katharina Hannen

Bananenfalter, Südamerika

In Kinderzeitschriften
wie „GEOlino" findest du
noch mehr Informationen.

Kopf hoch, Fledermaus!

Es war einmal eine Fledermaus,
die hatte nicht alle Tassen
im Schrank. Zumindest dachten das
die jungen wilden Tiere.
5 „Ich hätte gern einen Regenschirm,
damit meine Füße nicht nass werden",
sagte die Fledermaus.
„Ein Regenschirm ist dazu da, dass der Kopf
trocken bleibt, nicht die Füße!", flüsterte der kleine Elefant.
10 „Dumme alte Fledermaus!"
„Jeder kann mal einen Fehler machen", sagte das Ziegenkind.
Aber da sagte sie wieder etwas Seltsames.
„Unten am Himmel ist eine große, schwarze Regenwolke."
„Dumme alte Fledermaus", kicherte das Giraffenkalb.
15 „Der Himmel ist oben, nicht unten!"
Dann sagte die Fledermaus noch etwas Komisches.
„Wenn es ganz viel regnet, steigt der Fluss, und meine Ohren
werden nass. Ich könnte einen Regenhut aufsetzen,
aber der würde nur nach oben ins Gras fallen."
20 „Wenn der Fluss steigt, bekommen wir nasse Zehen,
nicht nasse Ohren!", knurrte das Löwenjunge.

Mittlerweile dachten alle jungen Tiere, die Fledermaus sei völlig plemplem.
Also rannten sie los, um es der weisen Eule zu erzählen.
„Warum meint ihr, dass die Fledermaus verrückt ist?", fragte die Eule.
25 „Sie sieht alles anders als wir", sagte das Juniornashorn.
Die Eule schaute nachdenklich vor sich hin. Dann sagte sie:
„Habt ihr jemals versucht, die Dinge so zu betrachten,
wie die Fledermaus sie sieht?"

Die Eule ließ sie alle kopfüber an einem Ast hängen –
30 genau wie die Fledermaus.

"Oooh", sagte das Ziegenkind. "Die Fledermaus hatte recht.
35 Wenn man es so sieht, hängt das spitze Stück eines Berges
tatsächlich nach unten!"
"Hey! Das Gras ist über unseren Köpfen!", sagte das Juniornashorn.
"Und der Himmel ... nicht!"

In diesem Augenblick begann es zu regnen …

Text: Jeanne Willis / Bilder: Tony Ross

Ameisen

Im Hof unten, bei den Mülltonnen, sitzt immer der Gerhard.
Jeden Tag hockt er dort. Stundenlang. Den Ameisen schaut er zu.

Die Ameisen kommen aus einem Riss in der Hausmauer.
In Dreierreihen wandern sie die Mauer hinunter, über den Beton-
5 boden und dann die Mülltonnen hinauf. Wenn sie aus den
Mülltonnen wieder herauskommen, tragen sie die Beute mit sich:
ein Reiskorn, ein Brotbrösel, eine Winzigkeit Apfelschale, und
allerhand Krümel, denen man nicht ansieht, woraus sie bestehen.

Der Hubert versteht nicht, warum der Gerhard jeden Tag
10 stundenlang den Ameisen zuschaut. Und fragen kann er ihn ja
auch nicht danach. Der Gerhard kann nicht richtig reden. Bloß
„Mama" und „nein" kann er sagen. Alles andere, was er sagt,
ist ein unverständliches Gebrabbel, aus dem nur seine Mama
schlau wird. „So was von stumpfsinniger Glotzerei", sagt der
15 Hubert zu den anderen Kindern. Und die anderen Kinder geben
ihm recht.

Aber manchmal, wenn weder der Gerhard noch die anderen
Kinder im Hof sind, dann hockt sich der Hubert auch zu den
Mülltonnen und schaut den Ameisen zu. Ganz im Geheimen
20 nämlich hat er den Verdacht, dass es da schon was zu sehen gibt,
etwas, das unheimlich aufregend ist, etwas, das nur der Gerhard
weiß.

Christine Nöstlinger

Tier-Rekorde

Die **Ameise** gilt als das stärkste Tier der Welt. Denn sie kann Dinge schleppen, die größer und schwerer sind als sie selbst. Die kleinen Tiere wohnen oft zu Tausenden in einem Ameisenhaufen. Dabei hat jedes Tier eine Aufgabe.

5 Die „Königin" legt die Eier, aus denen der Nachwuchs schlüpft. Die „Arbeiterinnen" beschaffen Nahrung. Wenn eine Ameise Futter entdeckt hat, markiert sie den Weg dorthin mit einer Duftspur. So zeigt sie ihren „Kolleginnen" den Weg. Die anderen Tiere krabbeln los,

10 und es entsteht eine mehrspurige Ameisenstraße.

Der **Frosch** ist einer der größten Verwandlungs-Künstler unter den Tieren. Er entwickelt sich aus einer Kaulquappe, die im Wasser lebt, einen Schwanz hat und mit Kiemen atmet. Wie ein Fisch. Erst nach einer Weile wachsen der

15 Kaulquappe Beine. Sie entwickelt eine Lunge zum Atmen, wirft ihren Schwanz ab – und wird zum Frosch.

Der **Schmetterling** ist unter den Insekten eines der buntesten Tiere. Weltweit gibt es Tausende verschiedene Arten mit den schönsten Farben und Mustern.

20 Schmetterlinge haben in der Regel vier Flügel, auf denen winzige farbige Schuppen übereinander liegen – fast wie Dachziegel.

Das prächtige „Kleid" der Schmetterlinge hat einen besonderen Zweck: Die Tiere tarnen sich damit oder

25 schrecken ihre Feinde ab. Mit einer grellen Farbe warnt mancher Schmetterling: Ich bin giftig!

Im Internet findest du noch mehr Tier-Rekorde. Nutze Kindersuchmaschinen. Berichte darüber, was du herausgefunden hast.

Hase und Igel

Es war an einem schönen Sonntagmorgen. Auf dem Weg zum Feld begegnete der Igel dem Hasen. Der Igel wünschte höflich einen Guten Morgen,
5 doch der eingebildete Hase erwiderte seinen Gruß nicht.

„Schon auf?", fragte der Hase nur spitz.
„Ich gehe spazieren", sagte der Igel.
„Pah, spazieren! Mit den Beinchen?",
10 lachte der Hase. „Sonst sind sie wohl zu nichts zu gebrauchen?"
Der Igel war beleidigt. Seine Beine waren zwar kurz, aber er war sehr zufrieden damit. „Wir könnten um die
15 Wette laufen, ich wette, ich würde gewinnen", sagte der Igel von sich selbst überrascht. Es schien ihm, als seien seine Worte mal wieder schneller als seine Gedanken.
20 „Nun gut. Worum wetten wir?", fragte der Hase.
„Um einen Korb voller Früchte und eine Flasche Fliederbeersaft", schlug der Igel vor. „Die Wette gilt, es kann
25 gleich losgehen", sagte der Hase.

„Nicht so schnell", sagte der Igel, der eigentlich nicht wusste, wie er einen Wettlauf gegen den Hasen gewinnen konnte. „Ich habe noch gar nicht
30 gefrühstückt. In einer halben Stunde bin ich zurück."
Dann lief er nach Hause, so schnell ihn seine kurzen Igelbeinchen trugen.

Völlig außer Atem stürmte er durch
35 die Gartenpforte.
„Frau, Frau, was mache ich bloß? Ich habe mit dem Hasen gewettet, dass ich ihn beim Wettlauf besiegen kann. Wie soll ich das schaffen? Er hat doch
40 so lange Beine! Wie konnte ich nur so dumm sein!", rief der Igel verzweifelt.
Die Igelfrau verdrehte die Augen.
„Ich hab's!", rief sie plötzlich, rannte zu der Kommode und holte ein Hemd
45 und eine Hose des Igels aus der Schublade. Rasch zog sie ihr Kleid aus und seine Sachen an. Die Igelfrau sah jetzt fast genauso aus wie ihr Mann.

Auf dem Weg zum Rübenacker erklärte die Frau ihren Plan.

„Pass auf, Mann. Der Wettlauf findet auf dem langen Acker statt. Der Hase läuft in der einen Furche und du in der anderen. Der Start ist am oberen Ende des Ackers. Ich werde am unteren Ende des Ackers hocken, und wenn der Hase dort ankommt, rufe ich: ‚Ich bin schon da!'"

Als sie bei dem Acker angelangt waren, versteckte sich die Frau des Igels im Gebüsch am unteren Ende des Ackers. Der Igel traf am oberen Ende auf den wartenden Hasen, der schon ungeduldig hin und her hoppelte.

„Kann es losgehen?", fragte der Hase. „Jawohl", antwortete der Igel. Sie bezogen ihre Startposition.

„Eins, zwei, drei!", sagte der Igel und der Hase raste, wie aus der Kanone geschossen, davon.

Der Igel trottete hinterher, ließ sich nach ein paar Schritten auf den Boden fallen und duckte sich in die Furche. Als der Hase am unteren Ende des Ackers ankam, rief ihm die Igelfrau entgegen: „Ich bin schon da!" Der Hase stutzte. Hier ist was faul, dachte er und sagte: „Noch mal gelaufen. Wieder zurück!", und war schon losgerannt.

Der Hase rannte so schnell, dass die Ohren nur so um seinen Kopf flatterten. Als er am oberen Ende des Ackers angekommen war, empfing ihn der Igel mit einem „Ich bin schon da!".

„Noch mal zurück", japste der Hase erstaunt und schon leicht aus der Puste. „Meinetwegen", erwiderte der Igel, „sooft du willst." Der Hase lief 73 Mal. Doch jedes Mal, wenn der Hase angekommen war, klang ihm ein „Ich bin schon da!" entgegen. Beim 74. Mal brach der arme, dumme Hase zusammen. Bald kam er wieder zu sich, aber was genau vorgefallen war, verstand er nicht.

Glücklich trugen der Igel und seine Frau ihren Wettgewinn nach Hause und genossen den Rest eines vergnüglichen Tages.

Axel Scheffler

Frühlingsduft

999 Froschgeschwister ziehen um

Es ist Frühling. Mama Frosch legt in einen kleinen Teich 999 Eier ab.
An einem warmen Tag schlüpfen aus den Eiern 999 Kaulquappen.
Aus den 999 Kaulquappen werden 999 prächtige Frösche.
Doch im kleinen Teich ist es jetzt sehr eng geworden.

5 Plötzlich ruft Papa Frosch:
„Ich hab's:
Wir ziehen um!"
„Juhu! Wir ziehen um,
wir ziehen um!",
10 rufen die 999
Froschgeschwister
und drängeln an Land.

„Leise!", sagt Mama Frosch.
„Da draußen lauern tausend Gefahren.
15 Lauft alle in einer Reihe und folgt Papa.
Habt ihr verstanden?"
Die lange Froschschlange überquert eine Wiese.
Die 999 Froschgeschwister müssen lange hüpfen.

Zur selben Zeit zieht ein hungriger Falke hoch über
20 den Köpfen der Frösche seine Kreise. Für ihn sind Frösche
ein Leckerbissen. Im Sturzflug rast er auf die Frösche zu und …
SCHNAPP! Er packt Papa Frosch mit seinen Klauen
und reißt ihn mit sich in die Höhe.

„Hilfe! Was soll das?! Aufhören!
25 Lass mich los! Bitte, lass mich los!"
Papa zappelt mit Armen und Beinen.

„Halte still! Zapple nicht so!"
Gerade will sich der Falke höher in die Luft
schwingen, da schreit Mama Frosch:
30 „Lass sofort Papa Frosch los!",
und sie greift nach Papa Froschs Beinen.
„Mama! Wo willst du hin?"
„Warte auf uns!", rufen die 999
Froschgeschwister im Chor.

35 Ein Froschkind packt Mama Frosch am Bein,
ein zweites klammert sich an dessen Bein,
ein drittes an dessen Bein und so weiter,
bis alle 999 Froschgeschwister aneinander-
hängen.

40 „So viele Frösche! Was für ein Festessen!"
Der Falke freut sich und fliegt höher und höher.
Auch die 999 Froschgeschwister freuen sich.
„Juhu! Schau mal, wie hoch oben wir sind!"
„Fliegen macht Spaß!"
45 Nur Mama und Papa Frosch zittern vor Angst.

Text: Ken Kimura / Bilder: Yasunari Murakami

frühling
frühmer
frühbst
frühter
5 somling
sommer
sombst
somter
herling
10 hermer
herbst
herter
winling
winmer
15 winbst
winter

Arne Rautenberg

Übrigens

In Griechenland haben nur
halb so viele Kinder
Heuschnupfen wie in Deutschland.
In England sind es
mehr als doppelt so viele.

Soll die Suppe
in den Mund, dann
brauchst du mich.

Mit uns
hört der Hase.

Das Ei

Es fiel einmal ein Kuckucksei
Vom Baum herab und ging entzwei.

Im Ei da war ein Krokodil;
Am ersten Tag war's im April.

Joachim Ringelnatz

Frösche im Regen

Stehen zwei Frösche am Teich.
Plötzlich fängt es zu regnen an.
Da sagt der eine Frosch zum anderen:
„Komm, springen wir ins Wasser,
sonst werden wir nass!"

Der **Hase** ist fast überall auf der Welt zu Hause:
auf dem Feld und auch in der Wüste.
Mit seinen langen Hinterbeinen kann er
große Sprünge machen, über 2 Meter lang!
Und er hat viele Feinde.
Auf der Flucht erreicht er 70 Kilometer pro Stunde.
Damit ist er genauso schnell wie ein Rennpferd.

Erste Sonne

In den dürren Zweigen
der nackten Bäume
sitzen Krähen.
Bei ihnen Stare.
5 Fernab schwarzweiße Elstern.
Sie schelten.
Ab und an fliegt ein Vogel weg.
Er wird von allen verfolgt.
Sie kehren zurück.
10 Sie schelten.
Das Jahr steigt langsam
von Morgen zu Morgen.
Im Baum sitzt der Frühling.
Er wartet.
15 Er lacht leise.

Rolf Bongs

Ein Frosch

„Quaaak, quaaak!", quaaakt's unterm Bett hervor.
Ein Frosch, denk ich und bin ganz Ohr.
Von Fröschen weiß ich, wie sie sich
ganz leicht verwandeln lassen,
5 in schöne Prinzen, glaube ich.
Ich will ihn gerade fassen,
da schimpft er, als durchschaut' er mich:
„Das könnte dir so passen –
jetzt wird das Zimmer aufgeräumt
10 und nicht vom Königssohn geträumt!"

Hanna Johansen

Hatschi!

„Allergisch! Pah", dachte sich Jana. „Was sollte das denn
bitte schön sein?" „Na gut", musste sie zugeben, ihr juckte
immer die Nase, wenn es Frühling wurde, vor allen Dingen,
wenn sie draußen im Feld spielte. Und dann tränten ihr auch
5 die Augen – und je mehr sie rieb, desto schlimmer wurde es,
erinnerte sie sich.
„Ich glaube, du hast Heuschnupfen, Jana", sagte ihre Kinder-
ärztin da.

Was ist Heuschnupfen und warum heißt er so?

10 Heuschnupfen ist eine Allergie. In Deutschland haben ungefähr
8 von 100 Kindern Heuschnupfen wie Jana. Wenn du Heuschnupfen
hast, jucken und brennen deine Augen. Deine Nase läuft wie
bei einem Schnupfen und du musst niesen oder du bekommst
schlecht Luft. Oft fühlst du dich auch richtig schlapp. Beim Heu-
15 schnupfen reagiert dein Körper ganz empfindlich auf etwas, das
von den blühenden Gräsern oder Bäumen durch die Luft fliegt und
eigentlich ganz harmlos ist. Der Heuschnupfen macht sich zu ganz
bestimmten Jahreszeiten bemerkbar – je nachdem, wogegen du
allergisch bist. Weil einige Menschen besonders viel niesen müssen,
20 wenn das Gras gemäht wird, heißt der Schnupfen Heuschnupfen.

Anne Hilgendorff

In Deutschland niest man „hatschi",
in England „atchoo" und in Russland „aptschi".
„Atseh" heißt es im Iran, „atchim" in Brasilien
und „hackschon" in Japan.

Eierlieferant gesucht!

Vor vielen Jahren gab es im Tierreich eine große Stellenausschreibung.

> **EIERLIEFERANT GESUCHT!**
> Geforderte Fähigkeiten:
> Zuverlässigkeit, Sportsgeist und Unauffälligkeit.
> Bei Interesse bitte im Hühnerstall melden.

Es kamen ein Fuchs, ein Storch und ein Hase. Die Oberlegehenne
erklärte ihnen, dass die Gemeinschaft der Hennen beschlossen hatte,
den Kindern einmal im Jahr Geschenke zu machen. Da sie selbst
5 alle Eier legen müssten, hätten sie keine Zeit, diese auch auszutragen.

Um herauszufinden, wer für die Aufgabe am besten geeignet wäre,
ließ die Oberlegehenne die drei Bewerber zu einem Wettbewerb antreten.
Fuchs, Hase und Storch bekamen einen Korb mit Eiern auf den Rücken
gespannt und die Adresse von je einem Kind genannt. Wem es gelänge,
10 die Eier dort am schnellsten in ein Nest zu legen, ohne dabei entdeckt
zu werden, der solle die Arbeit bekommen.

Der Hase hoppelte davon, der Fuchs rannte los wie der Wind,
und der Storch erhob sich rasch in die Lüfte.

Als der Fuchs bei seinem Nest angekommen war, schlich er sich heran,
setzte vorsichtig den Korb mit Eiern ab, nahm eines in den Mund und
legte es ins Nest. Aber genau in diesem Augenblick kam das Kind
vorbei, sah den Fuchs und begann aus Leibeskräften zu schreien.

Als der Storch sein Nest erspähte, flog er etwas tiefer, drehte seinen
langen Hals nach hinten, schnappte mit seinem Schnabel ein Ei aus
dem Korb auf seinem Rücken und warf es hinab. Das Kind, das neben
dem Nest saß, dachte, das Ei sei vom Himmel gefallen. Aber leider
hatte das Ei beim Aufprall einen Sprung bekommen.

Als der Hase an sein Nest kam, saß das Kind daneben. Er näherte sich
vorsichtig. Dann legte er seinen Kopf in den Nacken, holte mit seinem
langen Ohr ein Ei aus dem Korb auf seinem Rücken, ließ das Ohr nach
vorne schnellen und schleuderte das Ei ins Nest. Das ging so schnell,
dass das Kind gar nichts bemerkte.

Also bekam der Hase den Job!
Der Fuchs aber fand diese Entscheidung so ungerecht, dass er sich
seitdem an Hasen und Hennen rächen will, und deswegen gehen
diese ihm bis heute lieber aus dem Weg.

Der Storch hingegen nahm die Absage nicht so schwer, es heißt,
er soll kurz darauf eine interessante Arbeit bekommen haben.

Silke Wolfrum

Das Gummi-Ei

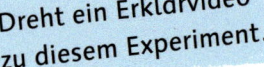

Dreht ein Erklärvideo zu diesem Experiment.

Du brauchst:

- 1 rohes Ei
- 1 Glas
- Essig

So geht's:

1. Lege ein rohes Ei in ein Glas mit Essig.
2. Beobachte, was schon nach kurzer Zeit geschieht.
3. Lass das Ei über Nacht in dem Essig.
   Am nächsten Morgen
   ist die Eierschale verschwunden.
4. Spüle das Ei gründlich ab und halte es
   gegen das Licht. Deutlich siehst du den Dotter
   und das Eiklar unter der Eihülle schwimmen.

Wusstest du schon?

Eierschalen sind aus Kalk, und darauf hat es
der Essig abgesehen. An den Bläschen erkennst du,
dass der Kalk sich auflöst.

112

Ein Säckchen zum Verschenken

Du brauchst:

- ein Stück Stoff (15 x 15 cm)
- Nadel
- Faden
- Geschenkband

Geschenkideen

Getrocknete Blütenblätter

Ein schöner Stein

Ein Stück Duftseife

Ein Gedicht

So geht es:

1. Falte den Stoff einmal und nähe
   eine kurze und eine lange Seite zu.
   Eine kurze Seite bleibt offen und
   eine lange Seite ist durch das Falten schon geschlossen.
2. Stülpe das Säckchen einmal um,
   die Nähte sind jetzt innen.
3. Fülle das Säckchen mit deinem Geschenk.
4. Verschließe das Säckchen mit einer schönen Schleife.

Probier mal

Zeraldas Riese

Zeralda kochte für ihr Leben gern.
Schon mit sechs Jahren wusste sie,
wie man bäckt und brät und siedet
und spickt und schmort und grilliert.

5 Einmal im Jahr fuhr der Bauer zur
Stadt, um dort Kartoffeln, Korn,
Fleisch und Fische feilzubieten.
Eines Nachmittags vor dem Markttag
rief er seine Tochter zu sich.
10 „Zeralda, mein liebes Kind",
sprach er, „ich fühle mich miserabel.
Ich muss heut Mittag wohl zu viel
von deinen Apfelklößen gegessen
haben. Morgen ist Markttag.
15 Da wirst du alleine hinfahren und
mich vertreten müssen."

Am nächsten Tag im Morgengrauen
schirrte Zeralda das Maultier an,
belud den Wagen und machte sich
20 auf den Weg.
An ebendiesem Morgen trieb sich ein
Menschenfresser, hungriger denn je,
in der Gegend herum. Ein Lüftlein
der Morgenbrise trug ihm die
25 Witterung von Klein Zeralda zu.
Hinter ein paar günstig gelegenen
Felsen versteckt, wartete der
Menschenfresser, um sich auf sie
zu stürzen.

30 „Aha! Endlich gibt's Frühstück!",
murmelte er.

Doch der ausgehungerte Unhold
war so voller Ungeduld, dass er
ausrutschte und mitten auf die Straße
35 schlug. Dort lag er, bewusstlos, mit
einem verstauchten Knöchel und
einer blutigen Nase.
„Oh! Du armer Mann!", rief Zeralda
aus. Von einem nahen Bach holte sie
40 einen Eimer Wasser und wusch dem
verletzten Riesen das Gesicht.
„Grrrrrr, kleines Mädchen", krächzte
der Menschenfresser. „Oh, mein
Kopf! Grrrrr, grrrrrrr! Ich hab
45 solchen Hunger!"

Schnupper! Schnüffel!
Mit Pfeffer und Salz und Bratenfett
finden Menschenfresser die Kinder
sehr nett.

„Der arme Mann ist am Verhungern",
dachte Zeralda. Und ohne Zeit zu
verlieren, nahm sie ein paar Töpfe vom
Wagen, sammelte etwas Holz, machte
Feuer und begann zu kochen.
Ihr Mitleid mit dem hungrigen Riesen
war so groß, dass sie die Hälfte ihrer
Marktvorräte verbrauchte. Bald darauf
setzte sie dem Menschenfresser vor:

Wasserkressecremesuppe,
geräucherte Forelle mit Kapern,
Schnecken in Knoblauchbutter,
eine Platte mit gebratenen Hühnchen
und ein Spanferkel.

Der Menschenfresser war wieder ganz
zur Besinnung gekommen. Mit
wachsendem Interesse sah er Zeralda zu.
Der Geschmack all dieser Speisen war
etwas ganz Neues für ihn. Er war so
entzückt von dem Festschmaus, dass er
darüber sein Gelüste nach seinem
Lieblingsgericht vergaß – kleine Kinder.
Es war das beste Mahl, das er je verspeist
hatte.

Text und Bilder: Tomi Ungerer

115

Schnupper-Seite: Probier mal

Menschenfresser

Immer hält der Menschenfresser,
wenn er seine Menschen frisst,
links die Gabel, rechts das Messer,
weil er gut erzogen ist.

Frantz Wittkamp

Nach-Speise

Vanilleschnitzel und
Erdbeertomaten,
Marmeladensoße und
Senfbananen,
5 Nudelpommesfrites und
Schokobraten
sind in meinem Magen
durcheinandergeraten

rumpeldibumm,
10 da drin geht's um.

Wolfgang Wagerer

Klebriger Rekord

Die weltgrößte Kaugummiblase
hatte einen Durchmesser
von über 58 Zentimetern.
Das ist ungefähr so groß
wie ein großer Wasserball.

Ich stamme von einem Insektenstachel in deiner Haut und tue sehr weh.

Ich bin ein süßer, leckerer Kuchen.

Lösung S.207

Ein Mops lief in die Küche

1. Ein Mops lief in die Kü-che und stahl dem Koch ein Ei,

da nahm der Koch den Löf-fel und schlug den Mops ent-zwei.

2. Da kamen viele Hunde
und gruben ihm ein Grab
und setzten einen Grabstein,
auf dem geschrieben stand:

3. Ein Mops lief in die Küche …

Dieses Lied könnt ihr immer weitersingen …

Hoppala

Ma! Willen Knödel?
Da! Killen Trödel!
Ha! Brillenblödel!
Ka – millen – gödel?
MA – RILLEN – KNÖDEL!

Gerda Anger-Schmidt

Welchen Tisch
kann man essen?

Die drei Knödel

Es waren einmal ein Vater und eine Mutter, die hatten viele Kinder.
Sie waren immer hungrig. An einem schönen Sonntag machte die
Mutter Knödel in dem größten Topf, den sie in ihrer Küche fand.
So viele Knödel waren es, dass sie selbst in dem riesigen Topf
5 keinen Platz hatten. Sie kochten über und drei Knödel flogen
zum Kamin hinaus.

Der erste sauste wie eine Kanonenkugel durch die Luft davon,
und weg war er.
Der zweite flog durch den Wald, plumpste in ein leeres Wild-
10 taubennest und blieb dort liegen.
Der dritte Knödel fiel auf den Waldboden, kugelte weiter
und rollte zuletzt gegen einen Baumstamm.
„Was ist das für ein seltsames Ding?", fragten die Tiere des Waldes
und fraßen ihn auf.

15 Als die Wildtaube nach Hause kam, wunderte sie sich sehr.
Weil es sich aber für eine Wildtaube gehört, das auszubrüten,
was im Nest liegt, so setzte sie sich auf den Knödel. Als sie schon
beinahe die Geduld verlieren wollte, schlüpfte ein großer, bunter
Vogel aus. Der schüttelte sich, krächzte und flog mit weit
20 geöffneten Schwingen davon. Die Wildtaube sah ihm nach und
wunderte sich.

Der erste Knödel aber umkreiste die ganze Welt. Zuletzt prallte er gegen das Fenster eines Königsschlosses. Der König stürzte vor Schreck von seinem Thron und die Königin fiel in Ohnmacht.

25 Die Palastwache glaubte, ein Krieg sei ausgebrochen, und ließ die Soldaten aufmarschieren.

In der Zeit spielte die jüngste Prinzessin längst im Park mit dem Knödel Ball. Als sie genug gespielt hatte, setzte sie sich ins Gras und fing an, den Ball zu zerlegen.

30 Ganz innen fand sie einen kleinen Kern. Sie steckte ihn im Park des Schlosses in die Erde und vergaß ihn.

Im nächsten Frühling wuchs in sieben Tagen ein Baum daraus hervor und auf dem Baum wuchsen Knödel. Unreif waren sie sauer, reif waren sie süß. Und wer davon aß, der musste in einem fort

35 lügen. Einer, der von den Früchten des Knödelbaumes aß, hat mir diese Geschichte erzählt.

Ada Bertram

Ein sehr kurzes Märchen

Hänsel und Knödel,
die gingen in den Wald.
Nach längerem Getrödel
rief Hänsel plötzlich: „Halt!"

Ihr alle kennt die Fabel,
des Schicksals dunklen Lauf:
Der Hänsel nahm die Gabel
und aß den Knödel auf.

Michael Ende

Wieso schmeckt bei Schnupfen alles gleich?

Die Zunge allein erkennt fünf Geschmäcker: süß, sauer, bitter, salzig und noch umami. Was so viel heißt wie herzhaft-würzig. Und manche Forscher glauben, dass es auch noch einen sechsten Geschmack gibt, nämlich fettig.

5 Du kannst überall auf der Zunge jeden Geschmack feststellen. Es gibt nur eine Ausnahme: Bitter schmeckt man am ehesten ganz hinten auf der Zunge. Das hat die Natur als Schutz schlau eingerichtet. Bevor man etwas Bitteres, also wahrscheinlich Giftiges oder Ungenießbares, runterschlucken kann, wird man noch ein allerletztes Mal gewarnt.

10 Aber gegen die Zunge mit ihren mickrigen fünf Geschmacksrichtungen ist die Nase ein Meisterchampion! Sie kann Tausende von Gerüchen unterscheiden. Tau-sen-de! Das macht sie mit ihren Riechzellen. In der Nase gibt es Millionen davon! Wenn du also etwas kaust, löst sich daraus das Aroma und gelangt über den Rachen in die Nase. Dort wird

15 es von den Riechzellen registriert und die leiten das Ergebnis dann ans Gehirn weiter.

Die Zunge leitet ihre Ergebnisse auch an das Gehirn weiter. Und erst im Gehirn werden die Geruchswahrnehmung der Nase und die Geschmacksempfindungen der Zunge zu einem Gesamtergebnis

20 zusammengemischt. Und das ist dann der Geschmack.

Und wenn deine Nase vom Schnupfen verstopft ist, kann sie auch nichts riechen und nichts ans Gehirn melden.

Andrea Schütze

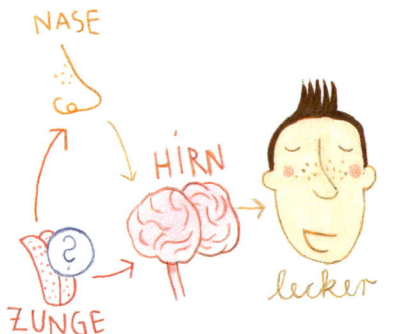

Experiment
Lass dir die Augen verbinden und halte dir die Nase zu. Lass dir verschiedene Sachen in den Mund stecken. Kannst du den Unterschied zwischen einem Apfel und einer Gurke schmecken?

Alles lecker!

Wie unterschiedlich auf der Welt gegessen wird,
siehst du auch am Frühstück.

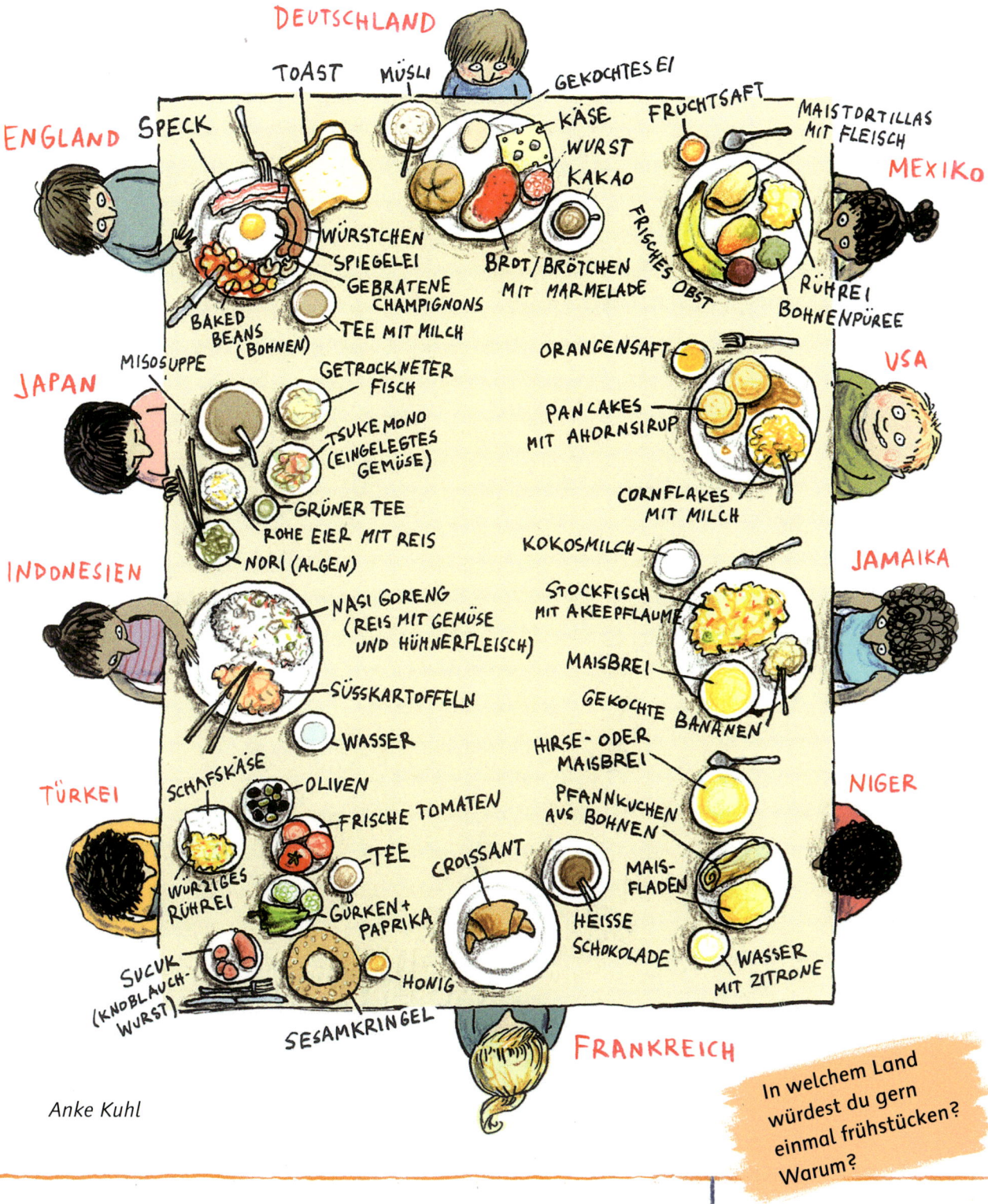

Anke Kuhl

In welchem Land würdest du gern einmal frühstücken? Warum?

Die große Kaugummi-Maschine

Herr Wonka führte seine Besucher
zu einer gigantischen Maschine,
die genau in der Mitte des
Erfindungsraumes stand.

5 „Los geht's!", sagte Herr Wonka
und drückte drei verschiedene
Knöpfe an der Maschine. Eine
Sekunde später ertönte ein
mächtiges Rumpeln, die ganze

10 Maschine fing an furchterregend zu
wackeln, Dampf zischte überall
heraus, und plötzlich lief eine
Flüssigkeit durch all die Hunderte
von kleinen Glasröhrchen und

15 sprudelte in einen großen Zuber.
Und in jeder einzelnen Glasröhre
hatte die Flüssigkeit eine andere
Farbe. Es war ein herrlicher Anblick.
Ein Riesenquirl mischte all die

20 bunten Flüssigkeiten.
Nach einer Weile begann die
Mischung zu schäumen. Sie wurde
immer schaumiger, und dann wurde
sie erst blau … dann weiß … dann

25 grün … dann braun … dann gelb
… und zum Schluss wieder blau.
„Jetzt passt mal auf!", sagte Herr
Wonka.

Klick machte die Maschine, und
30 jetzt saugte die Maschine die ganze
schaumige blaue Masse aus dem
Zuber wieder in sich hinein. Dann
war sie einen Augenblick ganz still
… Und plötzlich gab die Maschine

35 ein gewaltiges, grässliches Ächzen
von sich. Im gleichen Augenblick
flog unten an der Seite eine winzige
Schublade auf, und in dieser
Schublade lag ein kleiner dünner

40 Streifen graue Pappe. Plötzlich
stieß Violetta Beauregarde einen
begeisterten Schrei aus.
„Das ist Kaugummi!"
„Dieser Kaugummi ist meine

45 neueste, meine größte, meine
faszinierendste Erfindung!",
fuhr Herr Wonka fort. „Es ist
eine Kaugummi-Mahlzeit!
Dieser Kaugummi wird die Welt

50 verändern. Dieser Kaugummi
bedeutet das Ende aller Küchen
und aller Kocherei! Dieses Stück
Kaugummi hier ist Tomatensuppe,
Rinderbraten und Blaubeerkuchen,

55 aber natürlich kann ich praktisch
jedes Gericht machen."

S. 177 Textwerkstatt

KV 44

„Es ist genau das Richtige für mich!", sagte Violetta. Und ehe sie Herr Wonka daran hindern konnte,

60 steckte sie sich den Kaugummi in den Mund.

„Nein! Nicht!", sagte Herr Wonka.

„Fantastisch!", sagte Violetta mit vollem Mund. „Es ist tatsächlich

65 Tomatensuppe! Heiß und sahnig. Köstlich! Ich fühle, wie sie mir die Kehle hinunterrinnt!"

„Spuck den Kaugummi aus!", sagte Herr Wonka.

70 „Jetzt verändert sich der Geschmack! Jetzt kommt der zweite Gang dran!" Violetta kaute und grinste zugleich über das ganze Gesicht. „Der Rinderbraten ist zart

75 und saftig, und es gibt Pommes frites dazu! Hmmm … guuuut!"

Alle standen stumm da und sahen zu, wie Violetta den Zauber-Kaugummi kaute.

80 Herr Wonka rang die Hände und sagte immer wieder: „Nein, nein, nein! Der Kaugummi ist noch nicht in Ordnung! Er ist noch nicht fertig zum Essen!"

85 „Blaubeerkuchen mit Schlag-sahne!", rief Violetta. „Junge, Junge … einsame Klasse! Genau, als ob ich große Bissen von dem besten Blaubeerkuchen

90 der Welt kaute und runter-schluckte!"

„Lieber Himmel, Mädchen! Was ist denn mit deiner Nase los!", rief Frau Beauregarde plötzlich und

95 starrte Violetta an. „Sie wird blau! Deine Nase wird so blau wie eine Blaubeere!"

„Spinnt ihr oder was?", fragte Violetta und kaute unbeirrt weiter.

100 „Spuck sofort den Kaugummi aus!", befahl Herr Beauregarde.

Alle starrten auf Violetta. Was für ein fürchterlicher Anblick! Gesicht, Hals, Hände, Arme, Beine … ihr

105 ganzer Körper und sogar ihr dichter lockiger Haarschopf waren jetzt blaurot, genau die Farbe von Blaubeersaft!

„Beim Nachtisch geht es immer

110 schief", seufzte Herr Wonka. „Daran ist der Blaubeerkuchen schuld. Aber eines Tages kriege ich das schon noch hin … Sie werden es erleben."

115 „Violetta, du schwillst an!", schrie Frau Beauregarde. „Mir ist ganz komisch!", keuchte Violetta. „Das wundert mich nicht!",

120 sagte Herr Beauregarde. Ihr Körper schwoll jetzt so schnell an, dass Violetta sich binnen einer Minute in einen riesigen runden blauen Ball verwandelte – in eine

125 Riesen-Blaubeere. Das Einzige, was von Violetta Beauregarde übrig blieb, waren winzige Arme und Beine, die aus der Super-Blaubeere herausragten, und ihr Kopf, der wie

130 ein Stecknadelkopf auf diesem Monstrum von Ballon saß.

„Beim Nachtisch geht es immer schief", sagte Herr Wonka bekümmert. „Sehr peinlich,

135 wirklich! Ich begreife einfach nicht, wie so etwas möglich ist."

„Aber ich will keine Blaubeere als Tochter haben!", brüllte Frau Beauregarde. „Sorgen Sie auf der

140 Stelle dafür, dass Violetta wieder so aussieht wie vorher!"

„In den Saftraum, bitte", sagte Herr Wonka. „In den Saftraum? Was wollen

145 Sie da mit ihr anfangen?", rief Frau Beauregarde. „Sie entsaften natürlich", antwortete Herr Wonka. „Wir müssen sofort den Saft aus ihr

150 herauspressen. Mal sehen, wie sie danach aussieht. Nur keine Sorge, meine liebe Frau Beauregarde. Wir bekommen sie schon wieder hin."

Roald Dahl

Zu dem Buch gibt es auch einen Film.

Blaubeer-Muffins

Zutaten für 12 Muffins

270 g Mehl

140 g Zucker

140 g Butter

eine Prise Salz

250 ml Milch

2 Eier

2 TL Backpulver

Vanillezucker

250 g Blaubeeren

Rührschüssel

Mixer

1 Muffin-Blech oder 12 Muffin-Formen

Holzstäbchen

Zubereitung

1. Butter, Vanillezucker und Zucker mit dem Mixer cremig schlagen.
2. Die Eier dazugeben und schaumig rühren.
3. Das Mehl mit dem Backpulver und dem Salz mischen
   und abwechselnd mit der Milch in den Teig rühren.
4. Den Backofen auf 180 Grad Celsius vorheizen.
5. Jede Mulde im Backblech einfetten. Die Mulden im Blech
   oder die Backpapierformen bis zur Hälfte mit Teig füllen.
6. Die Blaubeeren waschen und auf dem Teig verteilen.
7. Die Muffins ca. 20 Minuten backen. Zwischendurch mit einem
   Holzstäbchen testen, ob der Teig auch innen fest ist.
8. Die Muffins abkühlen lassen.

Guten Appetit!

Baaaaah, Grünkohl! Iiiiiihhh, Spinat!

Gab es in deinem Leben eine Zeit, in der du nichts Grünes mochtest?
Oder geht es dir immer noch so? Warum gerade Kinder grünes Gemüse so oft
ablehnen, erklären Wissenschaftler so: Als die Menschen noch in Höhlen lebten,
war es für sie lebenswichtig, nichts Giftiges zu essen. Deshalb mussten sie
die gefährlichen Pflanzen von den ungefährlichen unterscheiden können.
Für die jüngsten Höhlenbewohner war das natürlich noch zu schwierig.
Sie mussten es ja erst einmal lernen. Deshalb sorgte die Natur mit einem Trick
dafür, dass Kinder nichts Grünes in den Mund nahmen – und steuerte die Kinder
über ihren Instinkt. Der ließ sie glauben, dass Grün nicht schmeckt.

Der Küchenversuch

Du brauchst:
- einige Gläser farblose Limonade
- verschiedene Lebensmittelfarben
- ein paar Freunde

Verteile farblose Limonade auf mehrere Gläser.
Färbe die Limo anschließend mit einigen Tropfen Lebensmittel-
farbe bunt.
Da die Farbe geschmacklos ist, schmecken die Getränke
natürlich immer gleich.
Das verrätst du aber nicht. Stell deinen Freunden zwei Fragen:
Wonach schmecken die Getränke? Welches ist besonders lecker?

Anke M. Leitzgen

Mag ich! Gar nicht!

Gibt's bei Omi sonntags Pute,
zieht Sophie sofort ne Schnute.
„Die geb ich Waldi unterm Tisch,
der frisst alles, außer Fisch."

5 „Mein Lieblingsessen ist Spinat
und zum Nachtisch Obstsalat."
„Spinat? Ich krieg die Krise!",
stöhnt entsetzt Louise.
„Den geb ich Waldi unterm Tisch,
10 der frisst alles, außer Fisch."

„Ich will Pommes und sonst nix!
Dafür aber ziemlich fix!"
„Pommes, iiiiihh, wie hass ich die!
Was für ein Fraß!", ruft Natalie.
15 „Die geb ich Waldi unterm Tisch,
der frisst alles, außer Fisch."

„Cool und absolut okee
find ich Hühnerfrikassee!"
Henry ächzt: „Wenn ich das seh,
20 tut mir schon der Magen weh …
… das geb ich Waldi unterm Tisch,
der frisst alles, außer Fisch."

„Ich will jetzt auf der Stelle
geräucherte Forelle."
25 „Forelle!", brüllt Pauline laut.
„Jetzt ist für mich der Tag versaut.
Die geb ich Waldi unterm Tisch,
OH NEIN …
… Forellen sind doch FISCH!"

30 Was er dagegen immer liebt:
Die Pute, die's bei Omi gibt.

Werner Holzwarth

Medien

Die große Wörterfabrik

Es gibt ein Land, in dem die Menschen fast gar nicht reden.
Das ist das Land der großen Wörterfabrik.

In diesem sonderbaren Land muss man
die Wörter kaufen und sie schlucken,
5 um sie aussprechen zu können.

Die große Wörterfabrik arbeitet Tag und Nacht.
Die Wörter, die aus den Maschinen herauskommen,
sind ebenso unterschiedlich wie die Sprachen.

Es gibt Wörter, die sind wertvoller als andere.
10 Man sagt sie nicht oft.
Eigentlich nur, wenn man sehr reich ist.
Denn im Land der großen Wörterfabrik ist Sprechen teuer.

Im Frühling, beim Schlussverkauf, kann man sich
Wörter im Sonderangebot kaufen.

15 Man kommt bepackt mit Taschen voller günstiger Wörter
nach Hause. Allerdings sind diese Wörter oft unnütz:
Was macht man schon mit einem „Bauchredner"
oder einer „Zierhasel"?

An manchen Tagen fliegen Wörter durch die Luft.
20 Die Kinder fangen sie dann
mit ihren Schmetterlingsnetzen ein.
Sie sind stolz, wenn sie ihren Eltern beim Abendessen
einige Wörter sagen können.

Heute hat Paul drei Wörter in seinem Netz gefangen.
25 Aber er sagt sie nicht gleich, denn er möchte sie aufheben.
Für jemand ganz Besonderen.

Text: Agnès de Lestrade / Bilder: Valeria Docampo

„Die große Wörterfabrik"
kannst du als Buch lesen,
als Hörbuch hören oder
dir als App herunterladen.

Schnupper-Seite: Medien

Der fernsehverrückte Fritz

Niemand, nicht mal Doktor Sieber,
heilte Fritz vom Fernsehfieber.
Pillen kriegte Fritz und Spritzen,
doch er blieb vorm Bildschirm sitzen,
war zu träge aufzustehn,
schrie nur: „Ich will Fernsehn sehn!"

Hansgeorg Stengel und Karl Schrader

Die Wörter

Die Wörter, wo kommen die Wörter denn her?
Aus dem Wörtersee, ja aus dem Wörtermeer.
Wirf deine Netze aus,
Fang dir die Wörter raus,
Beutel's am Ufer aus,
Nimm sie zu dir nach Haus!

Hugo Ramnek

Wenn du am Computer sitzt, bin ich dabei.

Ich mag gerne Käse.

Was soll das heißen?

Ordne jedem Satz das passende Smiley zu.
Die Buchstaben ergeben ein Lösungswort.

I

G

L

S

U

T

1. Ich bin traurig.
2. Ich liebe dich.
3. Da muss ich laut lachen.
4. Ich freue mich.
5. Ich habe Angst.
6. Das ist mir peinlich.

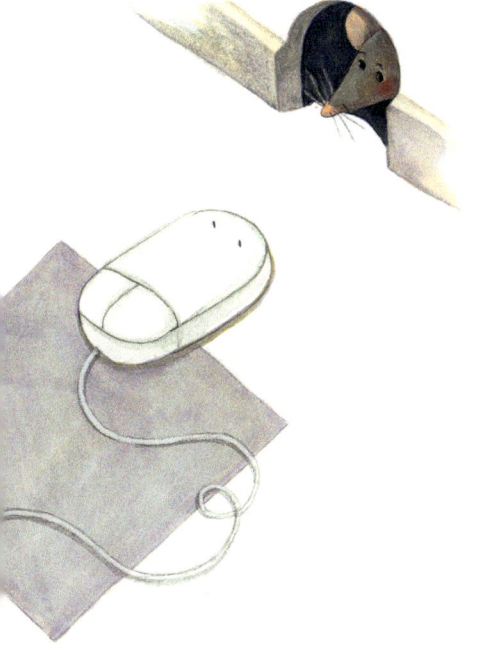

Die Computermaus

Eine Computermaus wollte mal raus
aus ihren virtuellen Räumen.
Und richtig leben und richtig träumen.
So wie ich und du, wie Peter und Klaus,
5 nur eben als Maus.

Wollte mal klettern, wollte mal kratzen,
wollte mal ein Stück Käse riechen
und, wenn es das gab,
in ein Löchlein kriechen.

10 Mit einem Wort:
Sie wollte fort.

Mustafa Haikal

Lösung S. 207

Star

Meine Mutter strahlte mich an. „Es ist etwas total
Tolles passiert!"

Ich runzelte die Stirn. „Und was?"

„Du hast eine Einladung vom Fernsehen!"

5 „Echt?"

„Ja! Von *Little Star*!"

Erst wusste ich nicht, was sie meinte. Dann fiel mir
wieder ein, dass *Little Star* eine Fernsehshow ist, in
der Kinder irgendwas vorführen, was sie besonders

10 gut können.

Superniedlich *Hänschen klein* singen zum Beispiel.
Oder in zwei Minuten fünfzig Schnitzel essen.

„Da geh ich nicht hin, das ist doch Babykram."

„Wieso, die Ältesten sind sechzehn", sagte Mama.

15 „Kommt nicht infrage!"

„Aber, Dicki, du bist doch mein *little star*!", flötete
Mama. „Und einen Hellseher hatten sie noch nie in
der Sendung, meinte die Frau am Telefon."

„Ich will aber nicht."

20 Leider hat Mama ziemlich viel Talent, mich bei wichtigen
Dingen umzustimmen. Ich müsste ja nicht, meinte sie.
Dann fiel ihr plötzlich ein, dass man ein paar Tausend
Euro kriegt, wenn man bei der Sendung mitmacht.
Und der Gewinner der ganzen Show kriegt sogar

25 100 000 Euro! Und dann wäre für mich sicher auch
ein Smartphone drin …

„Oh", sagte ich. „Ich denk noch mal darüber nach."

„Gute Idee", sagte Mama.

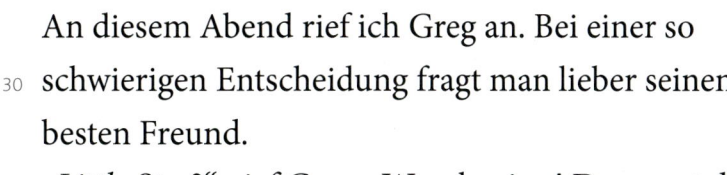

An diesem Abend rief ich Greg an. Bei einer so
30 schwierigen Entscheidung fragt man lieber seinen
besten Freund.

„*Little Star*?", rief Greg. „Waaahnsinn! Da musst du hin!"

„Wie bitte? Das ist doch Babykram."

„Wieso? Die Ältesten, die da mitmachen, sind sechzehn."

35 „Guckst du das etwa?"

„Na klar, jede Folge. Du nicht?"

„Da singen kleine Mädchen *Hänschen klein*!"

„Ist doch süß … Aber es gibt ja auch noch andere Talente."

Es war nicht zu fassen. Ich kannte Greg nun schon so
40 lange, aber dass er diese alberne Sendung guckte, war mir
völlig neu.

„Aber warum laden die dich ein? Ich meine: Was kannst
du denn?"

„Hellsehen", sagte ich beleidigt. „Schon vergessen?
45 Ich war in der Zeitung."

„Oh, entschuldige."

„Was soll ich denn jetzt machen?"

„Geh doch einfach nicht hin, wenn du keine Lust hast."

Ich erzählte ihm von den 100 000 Euro, die man
50 gewinnen konnte.

„Dann geh hin", riet er mir. „Einen Hellseher hatten sie
noch nicht. Da hast du bestimmt gute Chancen."

Gregs Argument leuchtete mir ein. Das Problem war nur,
dass ich in Wirklichkeit kein Hellseher war und mich
55 total blamieren würde.

Salah Naoura

Alle haben eins

Alex kommt von der Schule nach Hause, zieht im Gehen
die Schuhe aus, lässt sie im Flur liegen, befördert ihre Schultasche
neben den Schuhschrank, geht ins Wohnzimmer und sagt:
„Mama, ich brauche ein Handy."
5 „Hallo!", sagt ihre Mutter. „Schön, dass du da bist."
„Ich brauche ein Handy", wiederholt Alex laut und deutlich.
„Ein Handy?", fragt ihre Mutter, um Zeit zu gewinnen.
„Wozu brauchst du ein Handy?"
„Alle meine Freunde haben eins", behauptet sie.
10 „Alle?" Sie schaut ungläubig. „Das glaube ich nicht."
„Doch!"
Die Mutter schüttelt nachdenklich den Kopf und murmelt:
„Erst vor ein paar Tagen hat Samuels Mutter zu mir gesagt,
sie sei dagegen, dass ihr schon ein Handy habt.
15 Die rufe ich jetzt sofort an."
„Äh … der … der Samuel hat noch keins", nuschelt Alex
und fügt hinzu: „Aber er will auch eins."
„Aha, er will eins, genau wie du." Sie zieht die Augenbrauen hoch.
„Brauchen tut ihr nämlich beide kein Handy,
20 genauso wenig wie andere Kinder in eurem Alter."
„Doch!", sagt Alex trotzig. „Die andern lachen
mich schon aus, weil ich keins habe."
„Dann sind sie dumm."
„Sind sie nicht!"
25 Die Mutter merkt, dass sie so nicht weiterkommen.
Deswegen schlägt sie ihrer Tochter vor, auf ein Blatt zu schreiben,
warum sie glaubt, ein Handy zu brauchen.
Und sie will aufschreiben, warum Alex ihrer Meinung nach
keines braucht.
30 Alex schüttelt den Kopf.
„Das gilt nicht, du kannst viel besser schreiben als ich."
Sie will lieber warten, bis ihr Vater kommt; der kann nicht so gut
Nein sagen – das hofft Alex zumindest. Aber sicher ist sie nicht,
denn bei Eltern weiß man ja nie.

Manfred Mai

> Warum braucht Alex ein Handy?
> Warum braucht Alex kein Handy?
> Besprecht es in der Gruppe.
> Beachtet eure Gesprächsregeln.

Wofür brauche ich (k)ein Handy?

Das geht mit dem Handy oder dem Smartphone:
Verabredungen vereinbaren,
über Veränderungen informieren (Busverspätung),
im Notfall Hilfe holen,
mit anderen in Kontakt bleiben,
Fotos für ein Referat machen,
Informationen recherchieren,
Filme anschauen,
Musik hören,
lesen …

Das geht nicht mit dem Handy oder dem Smartphone:
küssen, schwimmen, Fußball spielen, schlafen, in den Arm nehmen …

Ich kann dich schon sehen!

Ich dich auch.

Deutschland: Handy
England: mobile
Amerika: cell phone

In den meisten Schulen ist die Benutzung von Handys und Smartphones verboten. Kein Wunder, sonst klingelte und bimmelte es ja während des Unterrichts ständig.

Text: Thomas Feibel / Bilder: Claas Janssen

Internet-Lexikon

Internet Das Internet verbindet weltweit Computer miteinander. Sie sind wie in einem riesigen Netz verknüpft. Wenn du im Netz unterwegs bist, solltest du einige Begriffe kennen:

WWW Das ist die Abkürzung für World Wide Web und heißt übersetzt „weltweites Netz". Im WWW kannst du von einer Seite zur nächsten klicken – über „Links", das sind Verknüpfungen. So surfst du im Internet.

Browser Damit das Surfen im Internet klappt, brauchst du einen Browser. Das bedeutet übersetzt etwa „umblättern" oder „schmökern". Ein Browser ist ein Computer-Programm, mit dem du Seiten im Netz ansehen kannst.

Homepage Eine Homepage ist so etwas wie die Titelseite und das Inhaltsverzeichnis von einem Buch. Hier bekommst du einen Überblick, was auf den Seiten dahinter steht. Auf einer Homepage kannst du anklicken, was dich interessiert. Über den Klick landest du direkt auf der Seite.

Suchmaschine Mit einer Suchmaschine kannst du viele Internetseiten nach einem bestimmten Wort automatisch durchsuchen lassen. Die Ergebnisse werden dir angezeigt.

S. 188 **Textwerkstatt**

App Das ist die Abkürzung für Application und heißt übersetzt „Anwendung". Du kannst dir eine App auf das Smartphone oder das Tablet herunterladen. Es gibt Spiele-Apps, Apps für Fahrpläne, Apps zu Büchern und viele andere mehr.

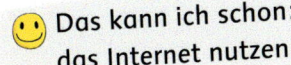 Das kann ich schon: das Internet nutzen

Suchmaschinen extra für Kinder sind zum Beispiel Blinde Kuh oder Frag Finn.

Aufpassen!

1. Glaube nicht einfach alles, was du im Internet liest. Auf Internetseiten kann der größte Quatsch stehen.
2. Verrate im Internet nie deinen vollständigen Namen, deine Adresse oder deine Telefonnummer. Es gibt Gauner, die das ausnutzen könnten, zum Beispiel um an dein Geld zu kommen.
3. Wenn dir irgendetwas im Netz merkwürdig vorkommt, wende dich an einen Erwachsenen, dem du vertraust. Bitte ihn um Rat.
4. Gib im Internet keine Geheimnisse von dir preis. Auch E-Mails können von anderen gelesen werden.

Zeit vergeht

Nur ein Tag

Das Wildschwein hat den Tisch gedeckt. Zwei Teller
auf einem abgesägten Baum, gleich am Ufer des Sees.
Fuchs und Wildschwein sehen einer Eintagsfliege beim Schlüpfen zu.
Die Fliege ist wunderschön und die beiden trauen sich nicht,
5 ihr zu sagen, wie kurz ihr Leben wirklich ist.

       „Wo willst du denn hin?", fragt der Fuchs
       ganz ohne Lachen und die Fliege bleibt
       in der Luft stehen. Das funktioniert tadellos,
       denn dafür müssen kleine Fliegen
10   nicht lange üben.

„Soll das ein Witz sein? Ich bin gerade geschlüpft
und habe einen vollen Terminkalender."
Der Fuchs lächelt schief.
„Was hast du denn so vor?"

15 „Na, du kannst Fragen stellen.
Erstens einen Beruf lernen,
zweitens heiraten,
drittens alt werden
und dann natürlich noch
20 ein paar Sprachen lernen."

Da fragt der schlaue Fuchs.
„Sag mal, weißt du eigentlich, was du für ein Tier bist?"
„Na klar, ich bin eine Maifliege. Jetzt ist doch Mai, oder?"
Auf diese Frage antworten der Fuchs und das Wildschwein zugleich.
25 Der Fuchs sagt **Ja**.
Das Wildschwein **Nein**.
„Na, was denn jetzt?"
„Doch, doch maistens ist Mai jetzt."
Die beiden sagen die Wahrheit nicht. Sie werden sie niemals sagen.
30 Warum auch? Die kleine Fliege wird es schon selber herausfinden.
„He, trauriges Schwein, du verheimlichst mir doch was?"

Um seine Traurigkeit zu erklären, behauptet das Wildschwein,
der Fuchs sei derjenige, der bald sterben müsse.
Da beschließt die kleine Fliege, den Tag für den Fuchs
35 zu seinem allerschönsten Tag zu machen, denn
wer nur einen Tag hat, der braucht
das ganze Glück in 24 Stunden!

Text: Martin Baltscheit / Bilder: Wiebke Rauers

„Nur ein Tag" gibt es
auch als Hörspiel.

Schnupper-Seite: Zeit vergeht

```
Die Zeit verrinnt
Die Zeit verrinnt
Die Zeit verrinnt
Die Zeit verrinnt
Die Zeit verrinnt
Die Zeit verrinnt
Die Zeit verrinnt
Die Zeit verrinnt
 Die Zeit verrin
   Die Zeit ve
    Die Zei
       Di
        e
        Z
        e
        i
        t
        v
        e
        r
        r
      Di i
   Di eZe ve
   Zeit verrin
 ie eit viZeit ver
ver i eit viZeit ver
ev t rnnie  Zeirrinnt
```

Harald Reger

Sekundenkleber

Sekundenkleber klebt Sekunden.
Erst zu Minuten, dann zu Stunden.
Und so entstehen mit der Zeit
auch Jahre und die Ewigkeit.

Frantz Wittkamp

Ich summe und brumme und habe 6 Beine.

Männer tragen mich um den Hals. Aber eine Krawatte bin ich nicht.

Zukunft

Die Zukunft kommt
schon morgen früh?
Kann man die nicht verschieben?
Ich wär so gern
und zwar mit dir
im Heute hier geblieben.

Paul Maar

Mauerspechte

1961:
Berlin wird durch
eine Mauer geteilt.

1961 bis 1989:
Durch Berlin verläuft
eine streng
bewachte Grenze.

1990:
Die Menschen klopfen
Stücke aus der Mauer
heraus.

Baumhaus
    Hausmeister
        Meisterschule
            Schulkreide
                Kreidezeit
                    Zeitreise

Niemalsland

„Die Zweite rechts und dann geradeaus bis morgen", hatte Peter gesagt.
Das war der Weg ins Niemalsland.
Aber selbst die Vögel, die Land-
5 karten bei sich haben und sie an
windigen Ecken studieren, hätten
es mit diesen Angaben nicht finden
können.

Doch nach vielen Monaten
10 kamen sie tatsächlich an, und
sie waren, erstaunlich genug,
die ganze Zeit ziemlich genau
auf ihr Ziel zugeflogen.
Die Insel erwartete sie und hielt
15 nach ihnen Ausschau. Nur so kann
ein Mensch überhaupt diese Zauber-
strände finden.
Von allen erdenklichen Inseln ist
das Niemalsland die gemütlichste
20 und engste. Sie ist nicht groß
und mit ermüdenden Abständen
zwischen einem Abenteuer und
dem nächsten, sondern schön
vollgestopft.

25 „Da ist sie", sagte Peter ruhig.
„Wo, wo?"
„Da, wohin die Pfeile zeigen."

Tatsächlich zeigten Millionen
goldener Pfeile den Kindern
30 die Insel. Die waren ausgeschickt
von der Sonne, die sicher sein
wollte, dass die Kinder den Weg
auch fanden, bevor die Nacht kam.

Früher, zu Hause, hatte das
35 Niemalsland immer ein bisschen
dunkel und unheimlich ausgesehen,
abends, zur Schlafenszeit.
Dann zeigten sich schwarze Schatten
und unerforschte Landstriche.
40 Aber das Brüllen der wilden Tiere
klang jetzt ganz anders.
Und vor allem war man nicht
mehr sicher, dass man als Sieger aus
der Geschichte hervorgehen würde.
45 Zu Hause war man froh, dass die
Nachttischlichter brannten.
Natürlich war das Niemalsland
damals nur Einbildung gewesen.
Aber nun war es wirklich.

James M. Barrie

Zeit sparen

„Guten Tag", sagte der kleine Prinz. „Guten Tag!", sagte der Verkäufer.
Er verkaufte Pillen gegen den Durst. Man schluckt eine pro Woche
und schon hat man überhaupt keinen Durst mehr.
„Warum verkaufst du so etwas?", fragte der kleine Prinz.
5   „Es spart enorm viel Zeit", antwortete der Verkäufer.
„Dreiundzwanzig Minuten in der Woche, haben die Experten
ausgerechnet."„Und was macht man mit diesen dreiundzwanzig
Minuten?"„Was immer man will."
„Also, wenn ich dreiundzwanzig Minuten übrig hätte",
10 sagte der kleine Prinz, „dann würde ich in aller Ruhe
zu einem Brunnen spazieren."

Antoine de Saint-Exupéry

Nicht mein Tag

Ich wollt den Tag ergreifen, griff
aber daneben; er lief
davon. „Warte auf mich",
rief ich ihm nach. „Ich würde dich
5   so gern genießen." Er lief weiter,
und ich folgte ihm – leider
tun Tage nicht immer, was man will.
„Bleib stehen", rief ich. „Halt still.
Ich möchte das Beste aus dir machen."
10 Ich hörte ihn leise lachen,
dann war er weg. Ich erstarrte vor Schreck
und schrie: „Du entwischst mir nicht!",
doch ich bekam ihn nie wieder zu Gesicht.

Russell Hoban

Kennst du auch solche Tage,
die viel zu schnell vergehen?

Fritzi war dabei

„Fritzi, wach auf!"
Papa hat das Licht über meinem Bett
angeknipst.
„Fritzi, wir fahren nach München!
5 Zur Oma. Steh auf!"
Sehr witzig. Papa und Mama gucken
echt zu viel Westfernsehen.
„Fritzi, wirklich: Die Grenze ist offen!
Wir fahren rüber, gleich heute!"
10 Jetzt bin ich wach.
„Wie spät ist es denn?"
„Fünf."
„Und warum ist die Grenze auf?"
„Weil, weil … Ich weiß auch nicht.
15 Weil ein Wunder passiert ist!"
„Und die Schule?"
„Die schwänzt du heute mal.
Am Montag sind wir wieder da."

Bin ich überhaupt wach oder träume
20 ich noch? Die Straße ist voller heller
Punkte. Wo sonst ganz wenige Autos
fahren, sind jetzt ganz viele. Und alle
fahren in dieselbe Richtung. Als es
hell wird, sind wir schon fast an
25 der Grenze.
„Kinder, ein Stau!", ruft Papa nach
hinten. Ich war noch nie in einem
Stau, aber so, wie Papa schreit,
muss es was ganz Tolles sein.

30 Ganz langsam zuckeln wir voran.
Rechts und links sind Zäune
mit Stacheldraht. Vor uns stehen
Türme, so ähnlich wie die für die Jäger
im Wald, nur höher und aus Stein.
35 „Gestern hätten die hier noch
geschossen", sagt Papa und schüttelt
den Kopf.
Es dauert ewig, bis wir am Grenz-
häuschen sind. Papa reicht unsere
40 Ausweise zum Fenster raus. Der Mann
mit der Uniform schlägt sie kurz auf,
nickt mit dem Kopf und gibt die
Ausweise zurück.
„Gute Fahrt!", sagt er, sonst nichts.
45 Und was sagt Papa? „Wahnsinn!"

Hanna Schott

Fritzi war zur Zeit der Maueröffnung (1989) neun Jahre alt.
Wie alt ist sie heute?

Zwei Deutschlands

Früher gab es zwei Deutschlands,
und wer in Leipzig wohnte und
eine Oma in München hatte,
durfte sie nicht besuchen.
5 In Berlin gab es sogar eine
hohe und ganz streng bewachte
Mauer, damit niemand vom
Osten der Stadt in den Westen
kam, wenn er nicht eine Erlaubnis
10 hatte. So eine Erlaubnis bekamen
aber nur ganz wenige.

Immer mehr Menschen wollten die DDR verlassen und stellten
einen Ausreiseantrag. Schließlich nahmen im Sommer 1989
ganz viele Leute all ihren Mut zusammen und demonstrierten.
15 In Leipzig waren es besonders viele. Sie demonstrierten so lange,
bis eines Abends ein Politiker, der Schabowski hieß, zu stottern
anfing, als er von einem Journalisten gefragt wurde, wann denn
endlich alle in den Westen reisen dürften.
„Nach meiner Kenntnis … ist das sofort … unverzüglich", sagte er
20 schließlich, und da machten sich die Ersten schon auf den Weg
zur Grenze.

Hanna Schott

Frage deine Eltern oder Groß-
eltern, wie sie den Tag der
Maueröffnung erlebt haben.

Das magische Baumhaus

„Hilfe! Ein Monster!", schrie Anne.
„Lauf, Philipp!"
Sie rannte in den Wald.
Oh Mann! Das hatte man davon,
5 wenn man seine Zeit mit seiner
siebenjährigen Schwester
verbrachte.
Für Anne gab es nichts Schöneres,
als sich ständig etwas Verrücktes
10 vorzustellen. Aber Philipp waren
Tatsachen lieber.
„Hierher!", rief Anne.
Sie stand unter einer großen Eiche.
„Schau mal!", sagte sie und deutete
15 auf eine Strickleiter. Die Leiter führte
bis ganz hoch in die Baumkrone.
Und dort, zwischen den Zweigen,
war ein Baumhaus.
„Das ist bestimmt das höchste
20 Baumhaus der Welt!", meinte Anne.
„Ich klettere mal hoch."
Philipp seufzte.
„Anne, es ist schon fast dunkel.
Wir müssen nach Hause!"
25 Anne war mittlerweile in dem
Baumhaus verschwunden.
„Bücher!", rief Anne.
„Was?"
„Es ist voller Bücher!"

30 Philipp krabbelte durch das Loch
im Boden des Baumhauses.
„Schau, hier ist ein Buch für dich!"
Anne hielt ein Buch über Dinosaurier hoch. Ein blaues, seidenes
35 Lesezeichen ragte heraus.
„Zeig mal." Philipp nahm Anne
das Buch aus der Hand. Er schlug
das Dinosaurier-Buch bei dem
Lesezeichen auf. Er konnte einfach
40 nicht anders. Da war das Bild eines
fliegenden Reptils, eines Pterano-
dons. Philipp fuhr mit dem Finger
die riesigen, fledermausartigen
Flügel nach.
45 „Oh Mann!", flüsterte er.
„Ich wünschte, ich könnte so ein
Pteranodon mal in Wirklichkeit
sehen."

„Ahhh!", schrie Anne.

50 „Was ist?", fragte Philipp erschrocken.

„Ein Monster!", kreischte Anne und deutete aus dem Fenster.

Philipp sah hinaus. Draußen segelte

55 ein gigantisches Tier über die Baumwipfel. Es hatte ein seltsames Horn am Hinterkopf und riesige, fledermausartige Flügel. Es segelte direkt auf das Baumhaus zu.

60 Das Baumhaus begann, sich zu drehen. Es drehte sich immer schneller. Philipp kniff die Augen zu und klammerte sich an Anne.

Dann war plötzlich alles still.

65 Totenstill. Philipp öffnete seine Augen wieder.

Das Pteranodon segelte über den Himmel. Der Boden war mit riesigen Farnen und hohen Gräsern

70 bewachsen. Philipp sah einen Fluss und in der Ferne Vulkane.

„Wo … wo sind wir denn?", stammelte Philipp.

Das Pteranodon landete am Fuß

75 des Baumes und saß ganz still.

„Was ist passiert?", fragte Anne. Sie sah aus dem Fenster. Das Pteranodon saß am Fuß der Eiche. Wie eine Wache. Seine riesigen

80 Schwingen hatte es zu beiden Seiten ausgebreitet.

„Hallo!", rief Anne nach unten.

„Psst", machte Philipp. „Wir dürften bestimmt nicht hier sein."

85 „Aber wo ist ‚hier'?", fragte Anne.

„Keine Ahnung", antwortete Philipp. Er sah in das Buch und las den Text unter dem Bild:

Dieses fliegende Reptil lebte
90 *in der Kreidezeit und starb vor*
65 Millionen Jahren aus.

Nein, unmöglich. Sie konnten doch nicht in die Kreidezeit gereist sein!

Mary Pope Osborne

147

Sommerhitze

Endlich wieder zelten!

Endlich keine Schule mehr. Vor mir lagen sechs Wochen ohne
Klassenarbeiten und Hausaufgaben – und ein toller Zelturlaub!
Am Nachmittag taten wird das, was wir am letzten Schultag immer
taten – packen. Erstaunlicherweise passte auch dieses Jahr wieder

5 alles in unser Auto. Zelten am Meer ist toll. Das Problem ist nur,
dass das Meer nicht um die Ecke liegt. Wir fahren … und fahren …
und fahren …machen Pause … und fahren … und stehen …
und fahren … und fahren … und fahren!
Die größte Herausforderung liegt aber darin, nach zehn Stunden

10 Autofahrt das Zelt aufzubauen.

Dabei bekommen sich alle Eltern in die Wolle.

Beim Zelten wohnen alle ziemlich eng beieinander.
Das kann nerven, kann aber auch sehr spannend sein.

 Manche sind
15 sehr laut.

Manche lieben
Musik.

Manche sind einfach perfekt ausgerüstet.

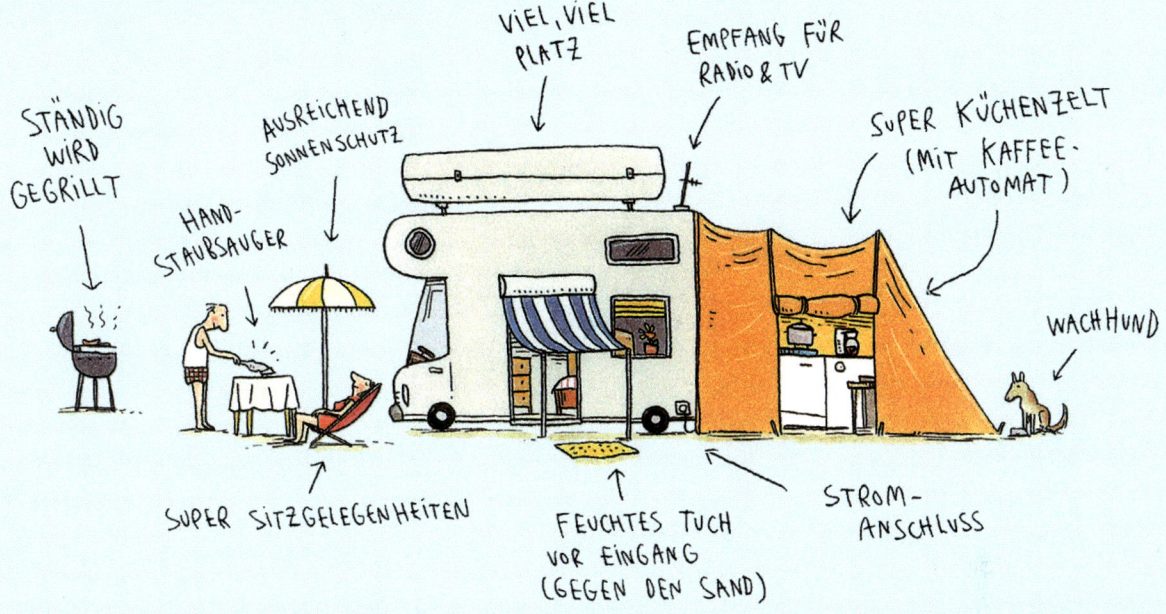

Ab und zu kann es beim Zelten auch mal regnen. Dann liegen wir
20 in unseren Schlafsäcken und spielen Karten. Ganz schön gemütlich.
Wenn der Regen länger als zwei Tage dauert, wird es allerdings langweilig.
Kommt dann auch noch Wind dazu, wird es ziemlich ungemütlich.

Die Tage vergingen wie im Flug, und wir hatten den schönsten Sommer,
den man sich nur vorstellen kann.

25 Zelten ist für mich das Allergrößte! Warum? Weil zelten nie
langweilig ist und wegen der vielen, vielen Sternschnuppen!

Text und Bilder: Philip Waechter

Schnupper-Seite: Sommerhitze

Weit und kalt

REISEBERICHT
REISEBERICHT
REISEBERICHT
REISEBERICHT

REISEBERICHT
REISEBERICHT
REISEBERICHT
REISEBERICHT

Matthias Duderstadt

Was steckt noch in
REISEBERICHT?

Fragt ein Wanderer einen Schäfer:
„Wie viele Schafe haben Sie ungefähr?"
Schäfer: „Genau 5378 Tiere."
Wanderer: „Donnerwetter!
Woher wissen Sie das so genau?
Haben Sie einen Trick beim Zählen?"
Schäfer: „Ja, ich zähle die Beine und
teile dann durch vier."

Tragen die Schafe Sonnenhüte,
steh'n die Zwiebeln in voller Blüte.

Du kannst mich
in die Erde schlagen,
um eine Schnur zu
spannen.

Ich bin
ein Fisch.

Lösung S. 207

Blitz Blitz Blitz B l i t z

Blitz

Sonne Sonne Sonne Sonne Sonne Sonne Sonne

Wolke
Wolke Wolke Wolke
Wolke Wolke Wolke Wolke Wolke Wolke
Wolke Wolke Wolke Wolke Wolke
Wolke Wolke Wolke
Wolke

RegenRegen RegenRegen Regen Regen Regen Regen Regen Regen Regen

Singt den Ferien-Song!

Ferienzeit

Ferienzeit, na na, na na na,
das ist die beste Zeit, na na, na na na.
Ferienzeit, na na, na na na,
nur Ferien weit und breit, na na, na na na.

5 Lange spielen und spät aufsteh'n,
nur tun, was mir gefällt.
Keine Hausaufgaben machen
ist das Schönste auf der Welt.

Ferienzeit, na na, na na na, …

10 Und ich will auch noch verreisen,
die Koffer sind gepackt.
Ohne Schule lässt sich's leben,
das wäre doch gelacht!

Ferienzeit, na na, na na na, …

Ewald Pfleger

I like ice cream,
it's my favourite treat.
I like ice cream,
that's what I like to eat.
And I like ice cream
any time I can.
Oh, I like ice cream,
here comes
the ice cream man!

Anton taucht ab

Wir waren ganz allein, keine
Menschenseele hing um halb sieben
Uhr morgens am Steg rum.
Das hatte schon mal gut geklappt.
5 Der See lag ruhig da. Ruhig und
dunkel. Zum ersten Mal in meinem
Leben betrat ich den Steg.
Ganz vorne, an der äußersten Spitze
des Stegs, stellte ich das Gurkenglas
10 ab. Piranha schwamm aufgeregt
an die Scheibe und schaute nach
draußen. Ob er seinen See erkannte?
Ob er sich auf seine Familie freute?
Dann legte ich mich auf den Bauch.
15 Ich rutschte nach vorne, sodass mein
Kopf über den Steg hinausragte und
in der Luft hing. Da war das Wasser,
da, direkt unter mir, der Horror.
Mein Plan war so: Ich wollte Piranha
20 auskippen und dabei mit der
Taucherbrille unter Wasser sein.

Aber nur mit der Taucherbrille,
höchstens noch die Stirn und die Nase
dazu. Der Rest vom Körper sollte
25 auf dem Steg und in der Luft bleiben.

Ich setzte die Taucherbrille auf.
Und ich beugte mich runter. Uaah ...
Vorsichtig tauchte ich mit der Taucherbrille ein. Die Augen machte ich dabei
30 zu. Meine Haarspitzen wurden nass,
ich musste mich am Steg festhalten.
Ich sagte: „Piranha, jetzt gehst du
auf Reisen."
Schon um das Gurkenglas mit einer
35 Hand hochzuheben, musste ich mich
aufbäumen und irrsinnig viele Bauchmuskeln anspannen.
Ich wollte sagen: „Hab keine Angst
vor den Schlingpflanzen", aber das
40 war alles zu anstrengend. Das Glas
wog mindestens eine Tonne!

Male, was Anton unter
Wasser alles sieht.

Kurz konnte ich es in der Luft halten. Bevor ich es ausgoss, wollte ich meinen Kopf unter Wasser bringen.

45 Sonst hätte ich doch alles verpasst. Dazu musste ich die andere Hand vom Steg loslassen. Es wurde ein bisschen viel für meine Bauchmuskeln. Meine Beine hatten keinen Halt.

50 Als die Bauchmuskeln aufgaben, riss das schwere Glas meine Arme nach unten und meine Beine nach oben. Ich fiel.

55 Ich fiel hinunter in die Tiefe. Und ich landete mit einem „Platsch" im See. Der ganze See um mich herum und ich mittendrin. Es war nass und kalt. Trotzdem wurde

60 mir heiß. In meinem Kopf brüllte es: „Raus, raus, raus!" Meine Beine zappelten, weil ich ganz kurz den Gedanken hatte, dass eine Feuerqualle kommen und mich berühren könnte.

65 Da sah ich Piranha. Er schwamm im Gurkenglas. Durch die Taucherbrille konnte ich ihn wirklich erstaunlich gut sehen. Das war komisch, da wir uns doch mitten in der schwarzen

70 Horrorbrühe befanden. Piranha schwamm gegen die Scheibe. Er wollte raus. Ich wollte auch raus! Aber erst Piranha. Ich kippte das Glas für ihn.

75 Ein Flossenschlag, und sein Körper glitt in den See. Als er merkte, dass er nicht mehr im Glas war, machte er größere Flossenschläge, die ihn wie eine Rakete durchs Wasser schnellen

80 ließen. Er zischte mit drei Haken davon. Das Wasser glitzerte. „Alles klar, Kumpel!", rief ich ihm nach. „Lass dich nicht unterkriegen!"

Milena Baisch

Das kann ich schon: Gefühle verstehen

Schafskälte

Von der Schafskälte spricht man, wenn es nach den ersten warmen
Sommertagen im Juni plötzlich wieder richtig kalt wird. Meistens
passiert das um den 11. Juni herum. Die Temperatur kann um fünf bis
zehn Grad sinken. Häufig regnet es dabei und das Wetter ist sehr
5 unbeständig. Auf höheren Bergen kann es sogar wieder schneien.
Der Grund für diesen Kälteeinbruch ist eine kalte Luftströmung aus
dem Nordwesten. Diese wirkt sich meistens nur auf Deutschland aus.
Die Schafskälte kommt nicht jedes Jahr. Aber die Wahrscheinlichkeit,
dass sie eintrifft, ist sehr hoch.
10 Und woher kommt der Name „Schafskälte"?
Die Schafskälte erhielt ihren Namen, weil die Schafe zu diesem
Zeitpunkt ein ganz kurzes Fell haben. Zum Ende des Frühjahres
rasieren die Schäfer ihren Schafen nämlich das dicke Winterfell ab.
Den frisch rasierten Schafen wird es dann ziemlich kalt und sie
15 frieren, wenn die Temperatur plötzlich so stark sinkt.
Ist die Schafskälte vorbei, kann der Sommer endlich kommen.

Bää

Bäää

Kennst du die Hundstage?
Was findest du darüber heraus?

Bäää

Bääääääää

Hatschää!

Im watteweichen Wolkenhaus

Im watteweichen Wolkenhaus
wohnen tausend Wolken.
Die denken sich den Regen aus
mit Blitzen und mit Sturmgebraus.
5 Im watteweichen Wolkenhaus
wohnen tausend Wolken.

Die schwarze Wolke Gurugu,
die sieht man nur im Sommer.
Sie kommt und deckt die Sonne zu.
10 Dann heult der Wind huhu, huhu!
Ganz leise rollt der Donner.

Jutta Bauer

Vor dem Gewitter

Der Kirschbaum biegt sich vor Lachen –
vor Lachen oder vor Wind?
Ich hör die Äste krachen.
Ich denk, der Kirschbaum spinnt.

Die Kirschen prasseln nieder.
Der Dackel Konrad flitzt
ins Haus und kommt nicht wieder …
Es donnert und es blitzt!

Georg Bydlinski

Der Sommer, als wir den Esel zähmten

Familie Hummel, das sind zwei Eltern, die von morgens früh bis abends spät arbeiten, und drei Superkinder: Hetti, Hugo und Florentine, genannt Flöhchen, mit einem randvollen Freizeitprogramm. In diesem Sommer werden alle Urlaubspläne kurzerhand über den Haufen geworfen – zugunsten
5 *einer gemeinsamen Wander-Woche. Und zwar in Begleitung eines Esels!*

Nachdem Papa den Wagen im Schritttempo ein paar hundert Meter den Weg hinauf gelenkt hat, lichten sich die dunklen Bäume. Zwischen
10 weißen, blauen und rosa Blumen duckt sich ein altes Bauernhaus an den Hang. Ich sehe Obstbäume, einen Bauerngarten und grüne Wiesen. Drei kleine Katzen balgen sich in der
15 Sonne. Es riecht nach Dung, trockenem Holz und würzigen Kräutern. Weiter oben entdecke ich bei einem Schuppen dann auch eine Herde von Eseln, die bereits neugierig
20 die Hälse recken.

„Tja dann", sagt Olga. „Muckl wird schnell herausfinden, wer von euch am meisten Sicherheit ausstrahlt, und sich ihm anschließen. Lasst euch auf
25 ihn und sein Tempo ein. Dann wird es eine tolle Erfahrung. Wir sehen uns Samstag in acht Tagen! Viel Spaß!" Olga führt Nepomuk auf den Weg zur Straße und drückt mir den
30 Führstrick in die Hand. Sie ruft: „Benimm dich gut, mein Alter, und friss nicht so viel frisches Gras! Sonst musst du wieder pupsen!" Mit der flachen Hand klatscht sie einmal auf
35 den Eselpopo. „Hoppa! Auf geht's!"

Ziemlich aufgeregt gehe ich nun mit Muckl am Führstrick den Weg entlang. Muckl folgt mir brav wie ein Lämmchen. Papa geht hinter mir. Er hat eine Hand auf Nepomuks Rücken gelegt, an der anderen Hand hält er Flöhchen. Hetti läuft auf der anderen Seite von Muckl. Mama bildet die Nachhut hinter dem Eselpopo. Das funktioniert ungefähr eine Minute und eine Kurve lang gut.

„Merkt ihr eigentlich, was wir da machen?", mault Hetti herüber und wartet keine Antwort ab, „Wir führen zu fünft einen Esel spazieren! Zu F Ü N F T", buchstabiert sie nachdrücklich. „Als wenn wir alle vollbekloppte Trottellummen wären." Als hätte Nepomuk sie verstanden, bleibt er ruckartig stehen. Mir kugelt es beinahe den Arm aus und Papa rumpelt mit Flöhchen auf mich drauf. „Jetzt hast du Muckl beleidigt!", schimpfe ich.

Mama gibt Muckl einen Klaps auf den Popo, wie zuvor Olga, und ruft: „Hoppa! Weiter geht's!" Als Antwort hebt er seinen Schwanz und lässt einen schönen lauten Pups fahren. Nachdem Nepomuk genug Luft abgelassen hat, versuche ich ihn wieder in Gang zu setzen. Er macht zwei unwillige Schritte vorwärts. Flöhchen zwängt sich zwischen mich und seinen Kopf: „Das ist ungerecht. Jetzt bin ich mal an der Reihe!", quengelt sie.

„Hugo, gib Flöhchen den Esel", entscheidet Mama. Notgedrungen lasse ich mir also den Strick aus der Hand reißen. Flöhchen triumphiert. Doch nur für einen Augenblick. Denn Nepomuk marschiert geradewegs zum Wegrand. Dort streckt er seinen Kopf ins hohe Gras. Flöhchen will ihn auf die Straße zurückzerren, aber natürlich ist Muckl viel stärker als sie. Und er möchte jetzt fressen und nicht mehr spazierengehen.

85 Mama greift ein. „Na komm schon, du Bestie!" Sie nimmt Flöhchen den Strick aus der Hand, um den Esel weiterzuziehen. Jetzt heult Flöhchen zwar, aber Nepomuk lässt sich vom

90 Fressen trotzdem nicht abhalten. „Herbert", schreit Mama leicht genervt. „Tu doch auch mal was!" Papa versucht es mit „Hoppa!" Allerdings klingt er wenig

95 überzeugend. Nepomuk wackelt einmal mit dem linken Ohr und lässt sich nicht weiter stören. Wir probieren es noch einmal alle zusammen mit Ziehen und Rufen. Erfolglos.

100 Also stehen wir eine Weile dumm rum und wissen nicht, was wir tun sollen. Nepomuk hebt kurz den Kopf, stapft einen Schritt weiter weg vom Weg und taucht in einem kleinen Feld von lila

105 Blumen wieder ab.

Seine Unbekümmertheit gibt Mama anscheinend den Rest.
Sie angelt nach der Führleine, die inzwischen haltlos im Gras liegt.

110 „Ich werde doch vor so einem gefräßigen Monster nicht klein beigeben!" Mit ihrem ganzen Gewicht wirft sie sich nach hinten, um Nepomuks Kopf aus den Blumen zu

115 zerren. Zuerst passiert nichts. Dann dreht sich der Esel abrupt um und macht einen kleinen Sprung auf Mama zu. Die hat mit diesem Sinneswandel nicht so schnell

120 gerechnet, verliert das Gleichgewicht und fällt rückwärts wie ein Maikäfer ins Gestrüpp. Nur ihre Wanderschuhe strampeln in der Luft. Auf den Fußsohlen kleben noch die

125 Preisschilder.

Annette Roeder

Was würde Nepomuk von seiner Wanderung mit Familie Hummel erzählen?

Schöne Ferien

Papa sagte neulich: „Ich hab einen guten Plan.

Wir werden im Sommer gemeinsam zum Wanderurlaub fahr'n.

Dort sehen wir seltene Tiere und sparen dabei noch viel Geld.

Wir trinken nur Wasser aus Bächen und schlafen zusammen im Zelt."

Doch Mama war dagegen, sie fand das zu unbequem.

Sie sagte: „Ich hab ja auch leider ein Heuschnupfenproblem.

Ich will keine seltenen Tiere, die gibt's auch bei uns hier im Zoo.

Und möchtest du kostenlos Wasser, wir haben genug auf dem Klo!"

Refrain G ... a⁷ ... D

Dann pa-cken wir die Kof-fer e-ben wie-der aus,__

G a⁷ D G C

und wir blei-ben schön zu Haus. Sel-ber Schuld – das habt ihr nun da-von.

D 1. G 2. G

Schö-ne Fe-rien auf dem Nord-bal-kon._ Nord-bal-kon._

Text und Musik: Philip Stegers

Ich liebe Bücher

Der kleine Herr Paul macht Ferien

Der kleine Herr Paul räumte auf.
Es war Zeit zum Aufräumen, vor allem
wenn das Telefon klingelte und er es
nicht mehr finden konnte, weil es
5 hinter hohen Bücherstapeln versteckt
war. Bücher, die er noch lesen wollte
oder schon gelesen hatte. Denn der
kleine Herr Paul liebte das Bücherlesen
über alles.
10 Er war ein Bücherwurm!

Nein, er war natürlich kein Wurm wie
ein Wurm, der in die Erde kriecht und
nur bei Regen herauskommt, um zu
duschen.
15 Der kleine Herr Paul war ein
menschlicher Bücherwurm, er lebte von
Geschichten, aber er fraß nicht,
er las.

An diesem Tag allerdings, nachdem es zehnmal geläutet hatte
20 und das Telefon verschollen blieb, rief er aus: „Jetzt ist Ende!"
Damit meinte er Ende mit Lesen und Anfangen mit Aufräumen.
Der kleine Herr Paul sah von seinem Abenteuerbuch auf und
sah sich um.

„Hallo Wohnung!", sagte er, denn er war weit fort gewesen,

25 war in Gedanken mit dem Schiff über das Meer gesegelt.
Er legte das Buch zur Seite und krempelte seine Ärmel hoch.
Jetzt wütete er selbst wie ein Sturm durch die Wohnung und
heuerte noch zwei wilde Kameraden an. Der eine hieß
Milosch von Milbos, hatte eine gewaltige Lunge und konnte

30 Staub auf hundert Meter Entfernung in sich hineinsaugen.
Birger Besen hieß der andere, ein schmaler Mann mit einem
breiten Bart.

Der kleine Herr Paul und seine Gehilfen fegten, saugten,
räumten und schäumten. Nach vier Stunden stellte Herr Paul

35 Staubsauger und Besen wieder in die Kammer. Es war geschafft,
alles war picobello, das Telefon gefunden. Alle gelesenen Bücher
standen in den Regalen, jetzt noch einen Tee kochen und mit
einer frisch gespülten Tasse auf den Balkon zum Lesen!

Text: Martin Baltscheit / Bilder: Ulf K.

Dies ist ein Buch ohne Papier, ein E-Book. Du kannst es im Internet herunterladen.

Schnupper-Seite: Ich liebe Bücher

Gedicht

Mit Speck fängt man Mäuse,
mit Bonbons Giraffen.
Bären schmeckt Honig,
Bananen den Affen.

5 Mit List fängt man Diebe,
mit Mut einen Drachen.
Mit Leichtsinn ein Unglück,
mit Fröhlichkeit Lachen.

Die Angst fängt das Weinen,
10 der Trost fängt die Tränen.
Der Sturm fängt das Schiff,
mit Schiffskapitänen.

Der Nebel fängt Lügen,
die Wahrheit das Licht.
15 Die Sprache fängt Kinder,
mit einem Gedicht!

Martin Baltscheit

Name:
Martin Baltscheit
Geburtsjahr:
1965
Wohnort:
Düsseldorf
Beruf:
• Autor
• Illustrator
• Comic-Zeichner
• Schauspieler
• Sprecher

Name:
Ulf K.
Geburtsjahr:
1969
Wohnort:
Düsseldorf
Beruf:
• Comic-Zeichner
• Illustrator

Wenn ein Buch richtig spannend ist, willst du mich schnell umblättern.

Ich gehöre zu einem Musikinstrument. Mich schreibt man etwas anders als mein Teekesselchen.

Felline

Endlich bekam Paul einen Hund.
Eigentlich hätte Paul sich gefreut
über einen riesigen schwarzen
mit gefährlicher Schnauze. Aber
5 Felline war klein und weiß, mit
ein paar braunen Sprenkeln.

Zum Glück gab es Papas alten
Chemiebaukasten. Paul machte
sich sofort ans Werk.
10 „Es wäre doch gelacht, wenn
wir keinen richtigen Hund aus
dir machen könnten!"

Felline verstand kein Wort.
Sie hatte auch niemals einen
15 Chemiebaukasten gesehen.
Aber die bunte Suppe, die Paul
gebraut hatte, war lecker.

In dieser Nacht träumte Felline
einen seltsamen Traum. Ihr Körper
20 wurde dicker und dicker, die Pfoten
größer. Und was geschah mit
ihrem Fell? Felline hatte sich in
einen Gruselhund verwandelt.
Riesig und mit spitzen Zähnen.

25 Als sie erwachte, war sie froh,
dass der Traum vorbei war. Aber
als Felline sich im Spiegel ansah,
stand der schwarze Monsterhund
direkt vor ihr. Sie kläffte, und das
30 Monster bellte zurück. Die kleine
Felline ergriff die Flucht. Sie lief
durch die Straßen, und alle
Menschen, die sie sahen, fielen
vor Entsetzen in Ohnmacht.

Text: Martin Baltscheit
Bilder: Ulf K.

Martin Baltscheit: Alles bringt mich auf Ideen

M. Baltscheit: ein Schreiber, ein Zeichner, ein Sänger, ein Sprecher, ein Schauspieler … ein wahrlich bunter Hund!

Herr Baltscheit, wie kommen Sie auf die Ideen zu Ihren Geschichten?

Woher die Ideen genau kommen, kann ich nicht sagen. Aber alles, was ich sehe und erlebe, alles Schöne und auch Hässliche, ist oft
5 eine Geschichte wert.

In der Geschichte von Felline und Paul ist Paul unzufrieden mit seinem neuen Hund. Mir geht es auch oft so, dass mir etwas nicht gefällt und ich es nicht so lassen kann, wie es ist. Viel besser wäre aber, zu lieben was ist und nicht an allem herumzunörgeln.
10 Die Geschichte hat also auch viel mit mir zu tun.

Haben Sie die Geschichte fertig im Kopf, wenn Sie mit dem Aufschreiben beginnen?

Die grobe Handlung und die Figuren habe ich im Kopf. Zuerst schreibe ich alles in ein paar einfachen Sätzen auf. Etwa so:
15 1. Paul bekommt einen Hund.
2. Der Hund gefällt ihm nicht …
3. Er unternimmt etwas dagegen … das geht aber schief …
und so weiter. Auch das Ende der Geschichte steht meistens fest. Die Einzelheiten und Dialoge kommen beim Schreiben dazu.

20 **Wie lange dauert es, bis Sie eine Geschichte fertig haben?**

Ich brauche für ein Bilderbuch mit rund 40 Seiten ungefähr sechs Stunden reine Schreibzeit. Zwischendurch lege ich die Geschichte immer wieder weg. Nach ein paar Tagen lese ich sie erneut.

Dann verändere ich sie, lege sie wieder weg und so weiter.
25 Der Abstand zum Text ist wichtig. Auch der Verlag macht noch
Vorschläge und ich ändere. Irgendwann ist der Text rund und perfekt.
Das dauert oft mehrere Wochen und bei manchen Geschichten
sogar Jahre.

Haben Sie Frusttage, an denen nichts klappen will?

30 Das ist dann eher das Gefühl, dass nichts klappt. Ich weiß aber,
dass ich nur lange genug dranbleiben muss. Irgendwann wird immer
etwas daraus.

Sie schreiben und illustrieren Bücher, Sie zeichnen Comics und Sie arbeiten als Sprecher in Hörspielen. Woher können Sie das alles?

35 Das ist Zufall. Jeder Mensch kommt mit verschiedenen Talenten auf
die Welt. Glücklich ist er, wenn er mit seinen Talenten Geld verdient.
Unglücklich, wenn er Dinge tun muss, die er nicht kann. Wir sind
viele Menschen und haben viele Aufgaben, es ist also möglich,
dass jeder nach seinen Talenten glücklich wird.
40 Mathematik zum Beispiel, Physik und Chemie gehören nicht zu
meinen Talenten. Zum Glück muss ich nicht als Wissenschaftler
arbeiten, das könnte ich nämlich nicht.

Was lesen Sie am liebsten? Haben Sie dafür einen Lieblingsort?

Am liebsten lese ich Sachbücher, über Themen, die mich interessieren.
45 Die Evolution ist zum Beispiel ein Lieblingsthema von mir.
Darüber lese ich viele Bücher. Da erklären mir Wissenschaftler
die Welt, wie ich es nie könnte. Diese Bücher lese ich am liebsten
auf dem Sofa mit einer Tasse Tee oder im Bett. Wenn ich danach
einschlafe und wieder aufwache, habe ich oft gleich eine neue
50 Geschichte geträumt.

🙂 Das kann ich schon:
verstehen, wie ein
Autor schreibt

Berichte von deinen Talenten.

Ulf K.: Ich habe viele Bilder im Kopf

Ulf K.: ein nicht ganz so bunter Hund, aber dafür ein äußerst passabler Comic-Zeichner, der auch noch Kinderbücher illustriert.

Heißen Sie mit Nachnamen nur K.?

Mein Nachname ist eigentlich Keyenburg. Der wird oft falsch geschrieben: mit „ei" oder „ai" oder „ay" statt mit „ey".
Und er ist auf Französisch und Englisch schwer auszusprechen.
5 Deshalb nenne ich mich in meinen Büchern Ulf K.

Haben Sie schon als Kind Comics gezeichnet?

Ich habe viel gezeichnet. Noch bevor ich lesen konnte, habe ich die Asterix-Hefte meines Vaters angeschaut und mir Geschichten dazu ausgedacht. Meine erste ganze Comic-Seite habe ich
10 gezeichnet, als ich noch in der Grundschule war. Mit 14 Jahren habe ich beschlossen, Comic-Zeichner zu werden.

Wie entstehen Ihre Bilder?

Ich mache mehrere Vorzeichnungen. Zuerst zeichne ich den groben Aufbau mit Bleistift. Dieses Blatt lege ich auf meinen Leuchttisch
15 und zeichne das ab, was gut ist. Zwei bis drei Vorzeichnungen mache ich so. Dann zeichne ich die Linien mit schwarzer Zeichen-tusche auf ein neues Blatt. Dieses Bild scanne ich am Computer ein und färbe dort die Flächen.

Wie lange dauert es ungefähr, bis ein Bild fertig ist?

20 Eine einfache Figur kann in einer halben Stunde fertig sein.
Für einige Bilder in „Felline, Professor Paul und der Chemiebaukasten" habe ich ungefähr einen Tag gebraucht. Wenn ich an
einem Comic arbeite, rechne ich für eine Comic-Seite zwei Tage.
Manchmal dauern aber auch kleine Sachen lange.

25 Wie kommen Sie auf die Ideen für die Bilder, wenn Sie eine Geschichte illustrieren?

Wenn ich die Geschichte zum ersten Mal lese, denke ich
bei einigen Textstellen: Das ist eine tolle Szene. Oder:
Hier ist eine schöne Stimmung. Ich habe sofort ein Bild
30 im Kopf und zeichne gleich eine Skizze an den Rand.

Können Sie uns so eine Skizze zeigen?

Ich hebe nicht alle Skizzen auf, aber zu „Felline" habe ich noch
welche. Zuerst hatte ich eine andere Idee zum Text, da ist Professor
Paul als Detektiv zu sehen. Aber dann gefiel uns der Gruselhund
35 doch viel besser.

Ulf K. hat die Bilder im Arbeitsheft zum Sprachbuch gemalt.

Das ist aber total mein Buch!

Ich hab 'ne kleine Schwester: Lola.

Sie ist klein und ziemlich komisch. Lola liebt Bücher und Lesen.

Lola sagt: „Papa sagt, er bringt uns zur Bücherei, und wir müssen

sofort los und holen *Käfer, Wanzen und Schmetterlinge.*"

5 Ich sage: „Papa hat das Buch doch schon letztes Mal für dich

ausgeliehen ... Und das Mal davor auch ..."

Lola sagt: „Charlie! *Käfer, Wanzen und Schmetterlinge* ist aber

mein apselut allerliebstes Buch. Und ich brauche es jetzt sofort!

Jetzt sofort! Sofort. Sofort!"

10 Lola sagt: „Es ist ja auch nicht nur über Käfer, sondern über *Käfer,*

Wanzen und Schmetterlinge, weißt du? Und die Schmetterlinge

sind sooo schön. Und die Käfer sind so komisch!"

Und ich sage: „Das weiß ich, Lola. Lass uns gehen. Papa wartet."

„All diese winzigen witzigen Kribbel-Krabbel-Beinchen, Charlie!"

15 Als wir in der Bücherei ankommen, redet Lola immer noch:

„*Käfer, Wanzen und Schmetterlinge* ist wirklich das allerbeste Buch

auf der ganzen Welt. Und ich muss es wirklich unbedingt haben!"

Und dann sind wir in der Bücherei und ich muss Lola sagen:

„Schsch! Lola, das ist eine Bücherei. Wir müssen leise sein."

20 Lola sagt. „Tschuldigung. Aber ich kann mein Buch nicht finden!"

Ich sage: „Lola, überleg doch mal. Das hier ist eine Bücherei.

Jemand hat das Buch ausgeliehen."

Lola sagt: „*Käfer, Wanzen und Schmetterlinge*

ist aber total mein Buch!"

25 Also sage ich: „Lola, es gibt tausend andere Bücher,

die du ausleihen kannst, und die stehen alle hier."

Lauren Child

MEIN LIEBLINGS-BUCH

Such dein Buch

Bücher-Profis suchen Bücher, die zu ihnen passen.
Sie untersuchen mehrere Bücher genau.
Sie lesen die Bücher, denen sie
viele Sterne geben.

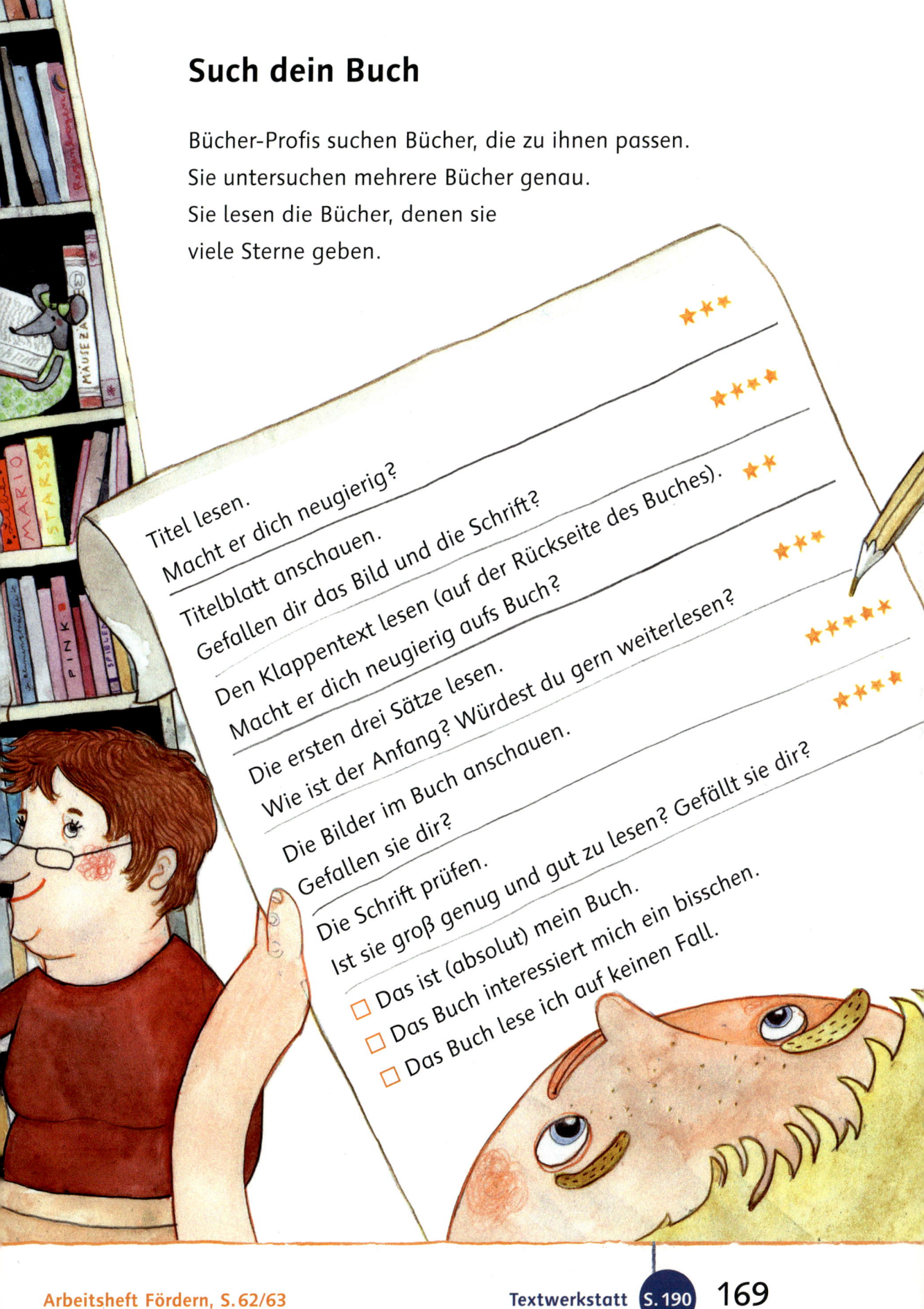

Titel lesen.
Macht er dich neugierig?

Titelblatt anschauen.
Gefallen dir das Bild und die Schrift?

Den Klappentext lesen (auf der Rückseite des Buches).
Macht er dich neugierig aufs Buch?

Die ersten drei Sätze lesen.
Wie ist der Anfang? Würdest du gern weiterlesen?

Die Bilder im Buch anschauen.
Gefallen sie dir?

Die Schrift prüfen.
Ist sie groß genug und gut zu lesen? Gefällt sie dir?

☐ Das ist (absolut) mein Buch.
☐ Das Buch interessiert mich ein bisschen.
☐ Das Buch lese ich auf keinen Fall.

KINDERBÜCHER

B

😊 **Das kann ich schon:**
Bücher kennen und bewerten

Milena **B**aisch:
Anton taucht ab

Martin **B**altscheit:
Nur ein Tag

B – C

Gioconda **B**elli:
Die Werkstatt
der Schmetterlinge

Peter **B**rown: Der
neugierige Garten

Davide **C**alì:
Wanda Walfisch

D – F

Roald **D**ahl:
Charlie und die
Schokoladenfabrik

Thomas **F**eibel:
Smartphones

Franz **F**ühmann:
Anna, genannt
Humpelhexe

Franz **F**ühmann:
Anna, genannt
Humpelhexe

K – L

Ken **K**imura:
999 Froschgeschwister
ziehen um

James **K**rüss: Es war
einmal ein Kind

Rose **L**agercrantz:
Das Weihnachtskind

Agnès de Lestrade:
Die große Wörterfabrik

Anne Möller:
Über Land und
durch die Luft

Anne Möller:
Zehn Blätter
fliegen davon

Salah Naoura:
Star

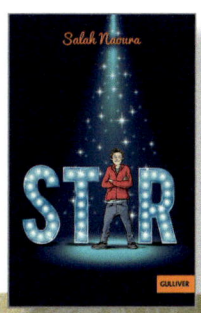

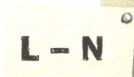

L – N

Mary Pope Osborne:
Im Tal der Dinosaurier

Petra Postert: Das
brauch ich alles noch!

Annette Roeder:
Der Sommer, als wir
den Esel zähmten

P – R

Tomi Ungerer:
Zeraldas Riese

Philip Waechter:
Endlich wieder zelten!

Jeanne Willis: Kopf
hoch, Fledermaus!

U – W

Martin Baltscheit:
Der kleine Herr Paul
macht Ferien

Martin Baltscheit:
Nur ein Tag

Renè Goscinny:
Der kleine Nick

Medien

Lesen üben

Fühlen

Dein Schulweg ist schöner als meiner.
Der kleine Umweg macht mir nichts aus.
Wenn du morgen auf mich wartest, gehe ich mit dir.

Miss Braitwhistle steht kopf

Lest zu dritt mit verteilten Rollen.
Herr Fischli hat gesagt: „Darf ich euch Miss Braitwhistle vorstellen?
Sie kommt aus England."
„Wie heißt die?", hat Annalisa gefragt. „Bratwiesel?"
„Bratwiesel!", sagte Miss Braitwhistle abfällig.
„Wasch dir die Ohren, my dear …"

Keine Freundschaft / Zwei Stifte

Auch die Kreide und der Schwamm streiten manchmal.
Hier hat der Schwamm schon etwas weggewischt.
Kannst du trotzdem lesen, was die Kreide geschrieben hat?

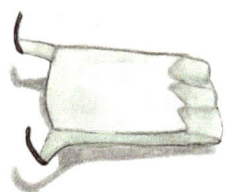

Die Kreide fiel auf den Boden und brach entzwei.
Mit ihrem vorderen Stück begann sie
langsam auf den Boden zu schreiben:
Das Wichtigste im Leben ist
„Na?", rief der Schwamm.
die Freude schrieb die Kreide und
setzte noch ein Ausrufezeichen dahinter
und noch eins, und noch eins, und noch eins.

Faltfisch

Kannst du den Text auch so vorlesen?
Setze beim Vorlesen immer das Wort
aus der rechten Spalte in die Lücke ein.

„Die Fische beißen 🐟", murrte der kleine Koch.	nicht
„Im 🐟 Jahr habe ich einen herausgeholt",	vorigen
erzählte der 🐟, „der war zehn Meter lang."	Matrose
„Es war ein Faltfisch", 🐟 der kleine Koch.	sagte
„Wie er hieß, 🐟 ich nicht", sagte der Matrose.	weiß
„Der Teich ist 🐟 Meter lang. Dein Fisch war	drei
zehn Meter lang. 🐟 nur gefaltet."	Geht

Touristen

Ergänze den fehlenden Reim beim Lesen.

Auch dem Eisbären war's am Nordpol
auf die Dauer etwas kalt.
Also nahmen sie im Süden
einen Urlaubsaufent …
Da liegen sie und sonnen sich
den lieben, langen Tag
im Südpolpool – bei Eis und Schnee,
so wie's ein Eisbär …

Schneemann-Familie

Finde die 20 Wörter mit **ei** und schreibe sie auf.

Lesen üben: Lesespiele

Seite **23** ## Herbstwind und Sonne

In welcher Zeile findest du diese Wörter?
Ein Kind liest das Wort, das andere Kind sucht das Wort im Text.

kalter   vermummt   Knopf

Wandersmann   Ballon   kentern

Wolkenmeer   Milde

Seite **30** ## Der neugierige Garten

Wie oft findet ihr das Wort „Gärtner"?
Wie oft findet ihr das Wort „Gärten"? Sucht zu zweit.

Seite **44** ## Kwatsch

Lies den ersten Abschnitt einem anderen Kind vor.
Ersetze dabei zwei Wörter durch Wörter aus einer anderen Sprache.
Lass das andere Kind raten, was die Wörter bedeuten.
Tipp: Hol dir beim Wörtertausch Hilfe von anderen Kindern.

Seite **134** ## Alle haben eins

Ein Kind liest den Text vor. Immer wenn das Wort „Handy" gelesen
wird, stehen die anderen Kinder auf und setzen sich dann wieder.
Spielt noch einmal. Nehmt ein zweites Wort dazu: Bei „Mutter"
stellen sich alle Zuhörer auf ein Bein. Spielt noch einmal.
Nehmt ein drittes Wort dazu. Bei „Alex" klatschen alle in die Hände.
Ihr könnt das Spiel auch mit anderen Texten spielen und eigene
Signalwörter festlegen.

Lesen üben und Texte verstehen

Seite 35 **Über Land und durch die Luft**

Wie verbreiten die Pflanzen ihren Samen? Male ein Schaubild.

schleudern sie durch die Luft

So verbreiten Pflanzen ihren Samen

Seite 40 **Das brauch ich alles noch!**

Lies den Text und beantworte die Fragen.

Tausch dich mit einem anderen Kind darüber aus.

Was findet Jims Papa in der Wäsche?

Wer ist der frühere Besitzer?

Wo wurde das Ding verloren?

Wie ist es zu Jim gekommen?

Warum will Jim es behalten?

Wo? Wie?

Wer? Warum?

Was?

Seite 84 **Luise**

Zu welchen Abschnitten passen die Überschriften?

Tausche dich mit einem Partnerkind aus.

Zeile 12–...   Im Kinderzimmer   Das Flugzeug

Im Garten   Fußball spielen

Seite 114 **Zeraldas Riese**

Finde im Text das Wort „feilzubieten". Weißt du, was es bedeutet?

Versuche, dir die Bedeutung aus dem Text zu erschließen.

Du kannst auch ein anderes Kind um Rat fragen

oder das Wort „feilbieten" in einem Wörterbuch nachschlagen.

Lesen üben und Texte verstehen

Seite **60** **Das Kätzchen auf Dovre** / **Die drei Knödel**

Seite **118** Finde Hinweise darauf, dass es sich bei dem Text um ein Märchen handelt. Tausche dich mit einem anderen Kind aus.

Findest du noch andere Märchen im Lesebuch?

Tipp: Lies nach auf Seite 198. Das hilft dir, Märchen zu erkennen.

Seite **70** **Eddies Geschichte**

Ein Kind erzählt die Geschichte mit dem ersten „roten Faden" nach. Das andere Kind probiert es mit dem zweiten „roten Faden". Welcher „rote Faden" hilft mehr? Tauscht euch darüber aus.

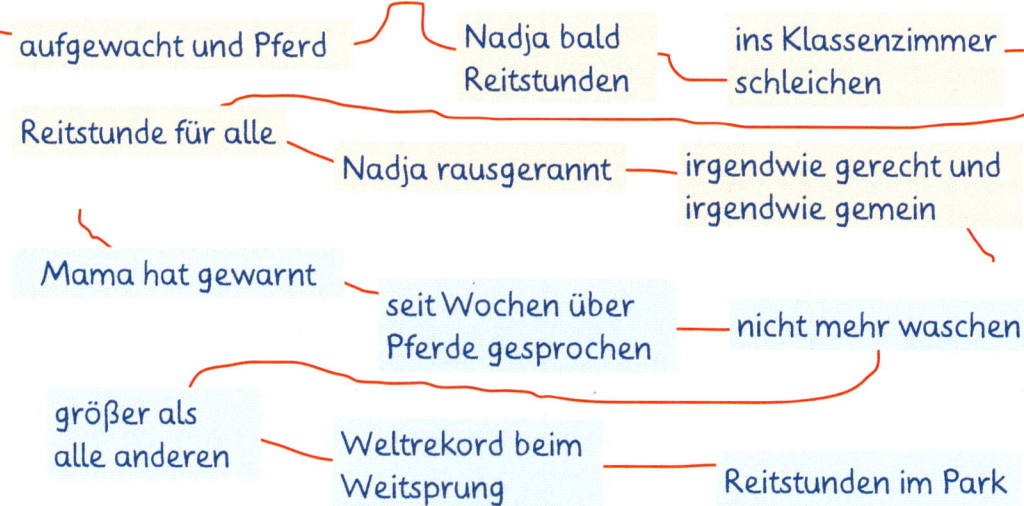

Seite **97** **Perfekt versteckt**

Was weißt du über die Tricks der Tiere, um sich vor Feinden zu schützen? Lege eine Tabelle an. Schreibe es in die Spalte „schon gewusst". Lies den Text. Was hast du durch das Lesen neu erfahren? Schreibe es in die Spalte „neu erfahren".

schon gewusst	neu erfahren

Vergleiche deine Spalten.

Schreibe die Sätze in der richtigen Reihenfolge in dein Heft.

1. Früher war Deutschland in den Westen und den Osten geteilt.

Der Protest dauerte so lange, bis der Politiker Schabowski
die Öffnung der Grenze erklärte.

In der DDR protestierten die Menschen im Sommer 1989.

Im Osten bewachten Soldaten die Grenze zu Westdeutschland.

Die Soldaten sorgten dafür, dass die Menschen
die DDR nicht verlassen konnten.

Hier ist einiges durcheinandergeraten.
Erzähle einem anderen Kind, wie die Geschichte richtig geht.

Antonia nimmt ihr Gurkenglas mit an den See.
Sie legt sich auf den Steg und will die Gurken freilassen.
Mit einem „Platsch" landet Antonia aus Versehen im See.
Die Gurken schwimmen davon. Da kommt ein Piranha
angezischt und beißt sie in die Nase.
„Warte nur", ruft Antonia ihm nach. „Ich hole meine Angel!"

Zu Texten erzählen, schreiben, malen

Verhexter Stundenplan

Du kannst auch verhext zählen:

Statt   eins, zwei, drei, vier, fünf …

            meins, schrei, frei, Stier, Strümpf' …

Jagd auf Lucas

Lucas ärgert sich, wenn er gejagt wird.

Amanda mag Lucas bestimmt.

Ich glaube, die mögen sich manchmal und manchmal mögen sie sich nicht.

Küssen und sich jagen ist nicht das Gleiche.

Schreibt die Sätze an die Tafel.

Bewertet die Aussagen mit farbigen Punkten.

●: Ich stimme zu.   ●: Ich stimme nicht zu.

Besprecht das Ergebnis in der Gruppe.

Denkt an eure Gesprächsregeln.

ausreden lassen

einander zuhören

Meinung begründen

beim Thema bleiben

Zehn Blätter fliegen davon

Was ist mit den anderen Blättern passiert, die weggeflogen sind? Schreibe auf oder erzähle.

Ihr könnt die Geschichte auch aufteilen.

Ein Kind erzählt eine Geschichte zum ersten Blatt, das nächste zum zweiten und so weiter.

Lest den Text von Zeile 7 bis Zeile 21.
Zeichnet einen Comic zu Julius' Lügengeschichte.
Macht mit euren Bildern eine Ausstellung.

Spielt zu dritt. Ein Kind sucht sich einen Beruf aus.
Es stellt zuerst das erste Wort pantomimisch dar.
Danach spielt es das zweite Wort vor.
Die anderen Kinder raten, welcher Beruf gemeint ist.

Pantomimisch bedeutet, ohne zu sprechen.

Erfinde selbst eine Falschmeldung.
Schreibe einen Zeitungsbericht.

Wie feiern die Menschen in Finnland Weihnachten?
Schreibe den Tagesablauf auf.

Tagesablauf
1. Sauna
2.

Wie könnte die Geschichte weitergehen?
Erzähle aus der Sicht von Pablo oder Jonas.

Zu Texten erzählen, schreiben, malen

Du kannst deine
Speisekarte auch am
Computer gestalten.

Name: Pteranodon
Aussehen:
Vorkommen:

Zu Texten musizieren

Seite **14** **Du bist da, und ich bin hier**

Spielt mit Schlaginstrumenten einen passenden Rhythmus.

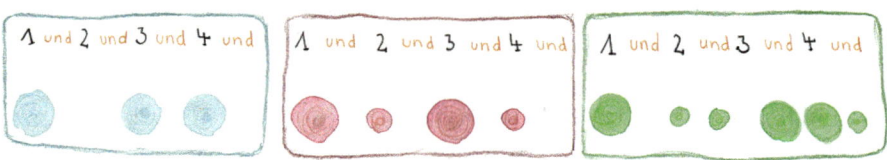

Erfindet für den Vers „Komm, wir wollen Freunde sein"
eine einfache Melodie.

Seite **33** **Dringend gesucht!**

Sprich die Reime als Rap. Benutz deinen Körper als Instrument.
Du kannst klatschen, schnipsen, stampfen …
Du kannst auch andere Texte nehmen: Seite 42: Abzählreim,
Seite 63: Touristen, Seite 80: Es war einmal ein Kind,
Seite 117: Ein Mops lief in die Küche, Seite 151: I like ice cream

Seite **90** **Fauler Zauber**

Zu einer Zaubervorstellung gehören auch Trommelwirbel
und Musik. Bildet Gruppen und teilt die Strophen
unter euch auf. Jede Gruppe macht zu ihrer Strophe
passende Geräusche und Musik. Ihr könnt eure Stimme,
euren Körper oder einfache Instrumente verwenden.

999 Froschgeschwister ziehen um

Lest den Text gemeinsam. Ihr könnt die Rollen verteilen.
Die Rede der kleinen Frösche singt ihr alle zusammen
als Chor. Wenn ihr ein wenig übt, findet ihr sicher
für jeden Satz eine kleine Melodie.

Erste Sonne

Unterlegt das Gedicht mit Tönen und Geräuschen.
Welche Instrumente passen zum Frühling?
Wie klingt es, wenn der Frühling lacht?
Wie schelten die Elstern?

Im watteweichen Wolkenhaus / Vor dem Gewitter

Erfindet eine Gewittermusik.
Besprecht, welche Geräusche zu einem Gewitter gehören.
Mit welchen Instrumenten oder Gegenständen könnt ihr
diese Geräusche nachmachen?

Überlegt euch einen passenden Ablauf:
Das Gewitter kündigt sich an … es donnert … der Regen beginnt …

Für Donner
würde ich Bongos
nehmen.

Texte szenisch spielen

Diese Texte könnt ihr mit verteilten Rollen lesen.
Ihr könnt sie auch als Theaterstück aufführen.

Theaterrollen

Als Schauspielerin oder Schauspieler musst du dich
in eine Figur hineinversetzen. Du spielst eine Rolle.
Überlege dir genau, wie die Figur ist, die du spielst:
Wie sieht sie aus? Wie bewegt sie sich? Was hat sie an?
Welche Gegenstände trägt sie bei sich? Wie spricht sie
ihre Sätze: langsam oder schnell, laut oder leise?

Ein Rollensteckbrief hilft dir dabei.

Kurz der Kicker

1. Schreibe alle Informationen auf, die im Text zu deiner Figur stehen.
2. Überlege dir, was noch zu der Figur passt,
   und schreibe einen Rollensteckbrief.

Rollensteckbrief

Kurz als Kind

<u>Name</u>: Uwe Kowalla

<u>Aussehen</u>: klein, hat zuerst altmodische Kleider an,
dann ein Fußballtrikot und Fußballschuhe,
trägt einen Fußball mit sich herum

<u>Verhalten</u>: steht steif herum, lässt die Arme hängen,
guckt unfreundlich, sagt immer nur: „Is mir doch egal",
spricht in einem unfreundlichen Tonfall, lacht nie …

Wie kann ein Rollensteckbrief für den Trainer aussehen?
Oder für den Hausmeister?

Rollensteckbrief

Hausmeister

<u>Aussehen</u>: hat eine Mütze auf …

Der Hausmeister hat in diesem Stück keinen Text.
Du kannst aber einen Text für ihn erfinden.
Was sagt der Hausmeister, wenn eine Scheibe eingeworfen wird
und der Ball sogar in seiner Suppe landet?

Wie geht die Geschichte aus?
Erfindet selbst einen Schluss für das Theaterstück.

Gedichte vortragen

Damit man den Klang und den Rhythmus von Gedichten hört,
musst du sie laut vortragen. Übe deinen Gedichtvortrag mehrmals.

Tipps für ein Gedichte-Fest

• Wählt mehrere Gedichte oder Lieder aus, die ihr vortragen
  möchtet: Wovon handeln die Gedichte? Sind sie lustig
  oder traurig oder nachdenklich?
• Legt die Reihenfolge fest, in der ihr die Gedichte vortragen wollt.
• Messt die Zeit, damit ihr wisst, wie lange der Vortrag dauert.
• Übt die Texte sehr gut.

Seite **14**   **Wann Freunde wichtig sind**

Sprecht das Gedicht zu viert:
Zeile 1 bis 4: Jedes Kind spricht eine Zeile.
Zeile 5: Jedes Kind spricht bis zum Komma.
Die letzte Zeile sprechen alle zusammen.

Seite **21**   **Herbst**

Sprecht das Gedicht zu zweit. Probiert aus, wie ihr euch
am besten abwechseln könnt. Die letzte Zeile „dann ist Herbst"
könnt ihr zum Beispiel zusammen sprechen. Wie klingen eure
Stimmen nach „Herbst"?

Seite **37**   **Der Streit**

Lest mit verteilten Rollen: Gerste, Weizen, Hafer,
Roggen, Maus, Erzählerin oder Erzähler.
Lest im Gedicht nach, wie die Getreide und die Maus sprechen.
Überlegt, wie die einzelnen Stimmen am besten klingen.
Probiert verschiedene Klänge aus.

Gedichte schreiben

Seite 7 **Rate mal, wer trifft sich hier?**

Welche Buchstaben können sich noch treffen?
Schreibe ein Gedicht nach dem gleichen Muster.

Seite 80 **Es war einmal ein Kind**

Sammelt zu zweit oder zu dritt Reimwörter.

Dann dichtet Reim-Geschichten zu

Es war einmal ein Hund …, Es war einmal ein Ball …

Seite 140 **Zeit verrinnt** / **Sonne – Wolke – Blitz**

Seite 151

Du kannst auch mit Wörtern spielen.

Probiere es mit: Treppe, Apfel mit Wurm,
Meereswellen, Rutschbahn …
oder auch mit: Haus / Weg;
Rauch / Schornstein; Auto / Räder / Straße

Man kann Texte auch mit besonderen Schriften

interessant gestalten.

Du kannst manche Wörter v e r g r ö β e r n.

oder manche Wörter verkleinern.

Denke dir passende Schriften aus:

ängstlich   l a n g s a m

Benutze Farben, wenn du willst:

Frühling   Sonne   Himmel

Oder ersetze Wörter im Text durch Bilder:

Opas  , ein

Blatt Blatt
Blatt Blatt Blatt
Blatt Blatt Blatt Vogel Blatt
Blatt Blatt Blatt Blatt Blatt
Blatt Blatt Blatt
Blatt Blatt Blatt
Blatt
Holz
Holz
Holz
Holz
Säge
Holz

Mit Medien umgehen

Seite **97** **Perfekt versteckt**

Gestaltet in Partnerarbeit ein Plakat. Stellt darauf vor,
wie sich Tiere tarnen. Sucht dazu Informationen im Text.
Informiert euch auch auf Kinderseiten im Internet, in Büchern
und Zeitschriften. Dort findet ihr auch Fotos und Bilder.

Seite **128** **Die große Wörterfabrik**

Teilt eure Klasse in drei Gruppen auf.
Eine Gruppe liest das Buch, eine Gruppe hört das Hörspiel,
eine Gruppe nutzt die App.
Wie stellt ihr euch das Land mit der Wörterfabrik vor?
Was hat euch bei eurem Medium am besten gefallen?
Vergleicht eure Erfahrungen.

Seite **136** **Internet-Lexikon**

Hier war wohl ein Computer-Virus unterwegs.
Kannst du helfen? Schreibe die Erklärung richtig auf.

Das Internet ist ein großes Einkaufsnetz. Darin kannst du
das WWW einkaufen. WWW ist die Abkürzung für Wendelins
Wollwaschmittel. Die Rechnung schickt die App direkt zu dir nach
Hause an deine Homepage. Zu Hause hilft dir die Suchmaschine,
die dreckigen Socken zu finden. Nach dem Waschen wird alles
mit dem Browser trocken geföhnt.

Seite **136** **Internet-Lexikon**

Hat eure Schule eine Homepage?
Welche Informationen darauf findet ihr besonders wichtig?
Was könnte auf eurer Homepage stehen?

Bücher lesen

Seite  168 170 **Das ist aber total mein Buch! / Kinderbücher**

In einem Lesetagebuch kannst du deinen Leseschatz aufbewahren.
Später kannst du immer nachlesen, was dir in einem Buch besonders
gefallen hat.

Ideen für dein Lesetagebuch

Lies ein Kapitel oder einen Abschnitt aus dem Buch.

Nimm ein Heft oder ein schönes Buch mit leeren Seiten.
Schreibe den Titel des Kapitels oder der Geschichte
als Überschrift. Schreibe dazu, wann du das Kapitel
oder die Geschichte gelesen hast.

- Du kannst besonders lustige, spannende, traurige … Textstellen
  abschreiben. Schreibe dazu, warum du sie ausgesucht hast.
- Du kannst mit eigenen Worten aufschreiben,
  was in der Geschichte oder in dem Kapitel passiert.
- Du kannst einen Steckbrief zu einer Figur des Buches schreiben.

- Du kannst ein Bild von einer Figur aus dem Buch
  mit einer Sprechblase oder einer Denkblase malen.
- Du kannst einer Figur aus dem Buch einen Brief schreiben.

Weißt du, zu welchen Büchern diese Lesetagebuchseiten gehören?

Das habe ich mir noch alles vorgestellt:

Über diese Stelle musste ich lachen:
Heute Morgen bin ich aufgewacht und
war ein Pferd. Ich wusste, dass es so
kommt. Mama hat mich vorgewarnt.
Sie hat gesagt: „Eddie, wenn du dir
etwas zu sehr wünschst, dann wird es
über Nacht wahr."

Seite  169 170 **Such dein Buch / Kinderbücher**

Klappentexte

Bei vielen Büchern steht auf der Rückseite eine kurze
Zusammenfassung des Inhalts.
Zu welchen Büchern aus dem Lesebuch gehören
diese Klappentexte?

> Im Schwimmbad lachen
> alle Mädchen über Wanda,
> denn Wanda ist dick –
> dick und rund. Doch der
> Schwimmlehrer verrät ihr
> einen Trick ...

> Der Teich ist zu klein!
> Die große Froschfamilie
> muss umziehen. Doch
> die Froschwanderung
> entgeht auch dem
> hungrigen Falken nicht.

In der Bibliothek

In der Bibliothek sind die Bücher geordnet,
damit man sie leichter findet.
Oft sind die Bücher nach dem Lesealter sortiert.
Erzählungen und Sachbücher stehen getrennt.

Sachbücher sind meistens noch
nach Themen geordnet, wie zum Beispiel
Tiere, Pflanzen, Erfindungen ...

In den Regalen ist der Nachname
des Autors oder der Autorin wichtig:
Hier geht es nach dem ABC.

In der Bibliothek gibt es auch Zeitschriften, Hörbücher und Filme.
Ihr könnt euch aussuchen, was euch am besten gefällt.

Bücher vorstellen

Seite  170 **Kinderbücher**

Wähle ein Buch aus, das du anderen Kindern vorstellen willst.

Figuren: Wie heißen die wichtigen Figuren der Geschichte?

Was tun sie?

Orte: Wo spielt die Geschichte?

Thema: Worum geht es in dem Buch?

Bewerte dein Buch mit Sternchen!

Übe deine Buchvorstellung:

Du kannst das Buch Mama oder Papa vorstellen.

Du kannst auch alleine vor dem Spiegel üben.

Achte darauf: Sprich langsam. Sprich sehr deutlich. Sprich laut.

Schau so oft wie möglich deine Zuhörer an.

Am Ende kannst du eine kurze, interessante Stelle aus dem Buch

vorlesen. Übe das Vorlesen.

Gestalte zum Vortrag ein Buch-Plakat.

Das Buch hat mir besonders gefallen, weil …

Das hilft dir, Texte besser zu lesen und zu verstehen

Vor dem Lesen

- Lies zuerst die Überschrift.
- Schau dir die Bilder an.
- Vermute, worum es in dem Text geht.
- Verschaffe dir einen Überblick über den Text: Lies zwei Sätze vom Anfang, aus der Mitte und vom Schluss des Textes.

Während des Lesens

- Wenn du etwas nicht verstanden hast, lies den Abschnitt oder den ganzen Text noch einmal.
- Kläre die unbekannten Wörter.
  - Suche im Text nach einer Erklärung.
  - Schau dir die Bilder an.
  - Schlage in einem Lexikon nach.
  - Frage andere Kinder oder Erwachsene.
- Stelle W-Fragen an den Text:
  Wer? Was? Wann? Warum? Wo? Wie?
- Teile den Text in Abschnitte ein.
  Überlege dir für jeden Abschnitt eine Überschrift.
- Finde die wichtigen Schlüsselwörter in jedem Abschnitt.

Welche Lese-Tipps kennst du schon? Welche sind neu?

Nach dem Lesen

- Vergleiche mit deinen Anfangsvermutungen:
  Was hast du Neues erfahren?
- Gestalte ein Schaubild zum Text.

Versuche, diese Tipps bei **allen** Texten anzuwenden.

- Lies zuerst die Überschrift.
- Schau dir das Bild an.
- Vermute, worum es in dem Text geht.
- Verschaffe dir einen Überblick über den Text: Lies zwei Sätze
  vom Anfang, aus der Mitte und vom Schluss des Textes.

Die Jesus-Christus-Echse

Was ist das bloß für ein Name für ein Tier! Ist diese Echse denn heilig?
Ist diese Echse an Weihnachten geboren? Heißt seine Mutter Maria
und sein Vater Josef? Nein, nein und nochmals nein.
Die Jesus-Christus-Echse heißt Jesus-Christus-Echse, weil sie etwas
5 kann, das Jesus auch konnte – und niemand sonst. Jesus konnte
auf dem Wasser gehen. Das war ein Wunder, das ihm niemand
nachzumachen verstand. Jene eine Echse ausgenommen:
die Jesus-Christus-Echse.
Wenn ein Feind hinter ihr her ist, dann lässt sie sich vom Baum fallen
10 und flüchtet aufs Wasser. Sie rennt so schnell darüber hinweg,
dass Jesus wahrscheinlich nie hätte Schritt halten können.
Weiter kann man diese Echse nicht mit Jesus vergleichen. Sie ist grün.
Sie wohnt in Panama und hat einen Kamm auf ihrem Kopf.
Sie bewegt sich kriechend auf ihren vier Beinen fort. Aber wenn sie
15 auf dem Wasser läuft, dann tut sie das ebenso wie Jesus aufrecht
auf zwei Beinen.

Lies erst jetzt den ganzen Text.

- Wenn du etwas nicht verstanden hast, lies den Abschnitt
  oder den ganzen Text noch einmal.

- Kläre die unbekannten Wörter.
– Suche im Text nach einer Erklärung.
– Schau dir das Bild an.

Jesus-Christus-Echse

P Panama

Panama bildet die schmale Landbrücke zwischen Nord- und Südamerika.

– Schlage in einem Lexikon nach.

Sie wohnt in Panama.

Wo ist Panama?

– Frage andere Kinder oder Erwachsene.

Eine Geschichte in der Bibel erzählt darüber.

Jesus lief übers Wasser?

- Stelle W-Fragen an den Text: Wer? Was? Wann? Warum? Wo? Wie?

Wo lebt die Jesus-Christus-Echse?
Wie kommt die Jesus-Christus-Echse zu ihrem Namen?
Warum rennt sie auf das Wasser?

Finde weitere W-Fragen.

- Teile den Text in Abschnitte ein.
- Überlege dir für jeden Abschnitt eine Überschrift.

Ein merkwürdiger Name

Was ist das bloß für ein Name für ein Tier! Ist diese Echse denn heilig?
Ist diese Echse an Weihnachten geboren? Heißt seine Mutter Maria
und sein Vater Josef? Nein, nein und nochmals nein.

Übers Wasser gehen

Die Jesus-Christus-Echse heißt Jesus-Christus-Echse, weil sie etwas
kann, das Jesus auch konnte – und niemand sonst. Jesus konnte
auf dem Wasser gehen. Das war ein Wunder, das ihm niemand
nachzumachen verstand. Jene eine Echse ausgenommen:
die Jesus-Christus-Echse.

Die Echse aus Panama

Wenn ein Feind hinter ihr her ist, dann lässt sie sich vom Baum fallen
und flüchtet aufs Wasser. Sie rennt so schnell darüber hinweg,
dass Jesus wahrscheinlich nie hätte Schritt halten können.
Weiter kann man diese Echse nicht mit Jesus vergleichen. Sie ist grün.
Sie wohnt in Panama und hat einen Kamm auf ihrem Kopf.
Sie bewegt sich kriechend auf ihren vier Beinen fort. Aber wenn sie
auf dem Wasser läuft, dann tut sie das ebenso wie Jesus aufrecht
auf zwei Beinen.

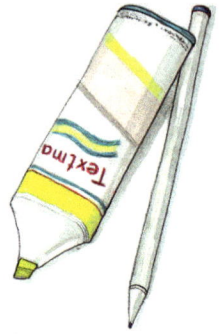

• Finde die wichtigen Schlüsselwörter in jedem Abschnitt.

Ein merkwürdiger Name

Was ist das bloß für ein ==Name== für ein Tier! Ist diese Echse denn heilig?
Ist diese Echse an Weihnachten geboren? Heißt seine Mutter Maria
und sein Vater Josef? Nein, nein und nochmals nein.

Übers Wasser gehen

Die Jesus-Christus-Echse heißt ==Jesus-Christus-Echse, weil sie etwas
kann, das Jesus auch konnte== – und niemand sonst. ==Jesus konnte
auf dem Wasser gehen==. Das war ein Wunder, das ihm niemand
nachzumachen verstand. Jene eine Echse ausgenommen:
die Jesus-Christus-Echse.

Die Echse aus Panama

Wenn ein ==Feind== hinter ihr her ist, dann lässt sie sich ==vom Baum fallen==
und ==flüchtet aufs Wasser==. Sie rennt so schnell darüber hinweg,
dass Jesus wahrscheinlich nie hätte Schritt halten können.
Weiter kann man diese Echse nicht mit Jesus vergleichen. Sie ist ==grün==.
Sie wohnt in ==Panama== und hat einen ==Kamm auf ihrem Kopf==.
Sie bewegt sich ==kriechend auf ihren vier Beinen== fort. Aber wenn sie
==auf dem Wasser== läuft, dann tut sie das ebenso wie Jesus aufrecht
==auf zwei Beinen==.

Du kannst die wichtigen Schlüsselwörter in dein Lerntagebuch schreiben.
Auf Arbeitsblättern kannst du sie auch unterstreichen oder markieren.

• Vergleiche mit deinen Anfangsvermutungen:
  Was hast du Neues erfahren?

Das wusste ich schon	Das war mir neu
Echsen sind scheue Tiere. Sie haben kein Fell. Sie fressen Fliegen und kleinere Lebewesen. Manche Echsen können auf Glas klettern.	Diese Echse wohnt in Panama. Sie kann auf dem Wasser laufen. Sie hat ihren Namen, weil sie auf dem Wasser laufen kann. Sie hat einen Kamm.

• Gestalte ein Schaubild zum Text.

Jesus-Christus-Echse

Lebensraum:
Panama
(zwischen Südamerika und Nordamerika),
lebt auf Bäumen

Aussehen:
Kriechtier mit vier Beinen,
grün, mit einem Kamm
auf dem Kopf

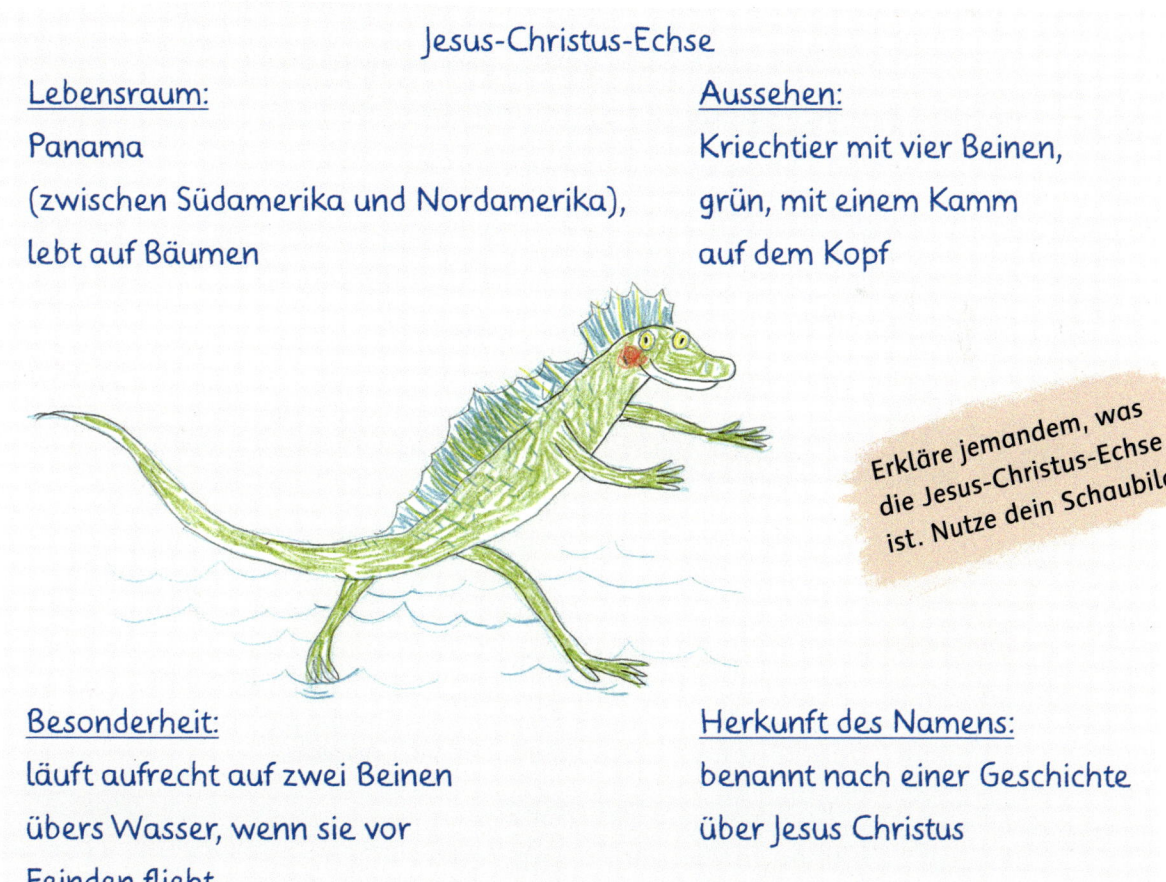

Erkläre jemandem, was die Jesus-Christus-Echse ist. Nutze dein Schaubild.

Besonderheit:
läuft aufrecht auf zwei Beinen
übers Wasser, wenn sie vor
Feinden flieht

Herkunft des Namens:
benannt nach einer Geschichte
über Jesus Christus

Das hilft dir, verschiedene Textarten zu erkennen

Märchen sind Erzählungen, die oft schon sehr alt sind.
Früher hat man sie mündlich weitererzählt.
Daran kannst du Märchen erkennen:

- Oft beginnen Märchen mit Es war einmal …
  und enden mit … und wenn sie nicht gestorben sind …
- Häufig gibt es darin Sprüche:
  Rapunzel, Rapunzel, lass dein Haar herunter!
  Spieglein, Spieglein an der Wand …
- In Märchen gibt es oft Zauberwesen, Riesen und Zwerge
  und sprechende Tiere oder besondere Gegenstände.
- Durch Wünschen oder Zaubern passieren oft
  unmögliche Dinge oder Verwandlungen.
- Oft spielen die Zahlen 3, 7 oder 13 eine wichtige Rolle.
- Die Helden oder Heldinnen in Märchen müssen oft
  Aufgaben lösen oder Prüfungen bestehen.
- Oft gehen die Märchen gut aus.

Berichte informieren über etwas, das passiert ist,
oder über etwas, das jemand erlebt hat.

- Berichte geben immer Antworten auf W-Fragen.
- Berichte sind sachlich geschrieben.
- Berichte stehen in Zeitungen und Zeitschriften.

Wo?
Wer? Wann?
Wie?
Was? Warum?

Inhaltsverzeichnis

▫ einfacherer Text ▫ mittlerer Text ▫ schwierigerer Text

🐶 ▫ Jojo Kapitel-Schnupper-Seite V Bilder-Vorlesebuch

 einfacherer Text   mittlerer Text    schwierigerer Text

Jojo Kapitel-Schnupper-Seite   Bilder-Vorlesebuch

▣ einfacherer Text ▨ mittlerer Text ◩ schwierigerer Text

🐾 ▣ Jojo Kapitel-Schnupper-Seite 🄥 Bilder-Vorlesebuch

einfacherer Text   mittlerer Text   schwierigerer Text

 Jojo Kapitel-Schnupper-Seite    Bilder-Vorlesebuch

einfacherer Text    mittlerer Text    schwieriger Text

Jojo Kapitel-Schnupper-Seite   Bilder-Vorlesebuch

Quellenverzeichnis

33 **Anger-Schmidt, Gerda:** Dringend gesucht! (Originaltitel: Weih sucht Rauch) bearb. Aus: Das Buch, gegen das kein Kraut gewachsen ist. Kräuter und Gewürze von Augentrost bis Zimt. Nilpferd in Residenz. © 2010 Residenz Verlag im Niederösterreichischen Pressehaus. Druck- und Verlagsgesellschaft mbH: St. Pölten – Salzburg

117 Hoppala. Aus: Schlimmer geht's immer. © 1994, 2009 Ueberreuther: Wien 2009

36 Kräuterlexikon (bearb.). Aus: Das Buch, gegen das kein Kraut gewachsen ist. Kräuter und Gewürze von Augentrost bis Zimt. Nilpferd in Residenz. © 2010 Residenz Verlag im Niederösterreichischen Pressehaus. Druck- und Verlagsgesellschaft mbH: St. Pölten – Salzburg

68 Vom Nehmen und vom Geben (gek.). Aus: Gelberg, Hans-Joachim (Hg.): Wo kommen die Worte her? Neue Gedichte für Kinder und Erwachsene. Beltz & Gelberg in der Verlagsgruppe Beltz: Weinheim und Basel 2011

20 **Äsop:** Der Fuchs und die Weintrauben (bearb.). Aus: Ludwig Mader (Hg.): Antike Fabeln. Artemis: Zürich 1951

152, **Baisch, Milena:** Anton taucht ab (bearb.) und Cover. Beltz &
170 Gelberg: Weinheim und Basel 2010

160, **Baltscheit, Martin:** Der kleine Herr Paul macht Ferien (gek.).
171 Illustrationen Ulf K. und Cover. © e-Book: Quinto, Möllers & Bellinghausen Verlag GmbH, München 2015

163 Felline (Originaltitel: Felline, Professor Paul und der Chemiebaukasten) (bearb.) Tulipan: Berlin 2007

162 Gedicht. Aus: Gans für dich. Beltz & Gelberg in der Verlagsgruppe Beltz: Weinheim und Basel 2015

88 Kurz der Kicker (bearb.), Illustrationen von Ulf K. © Terzio, Möllers & Bellinghausen Verlag GmbH: München 2006

164 M. Baltscheit (gek.). Aus: Felline, Professor Paul und der Chemiebaukasten. Illustrationen Ulf K., Tulipan: Berlin 2007

138, Nur ein Tag (bearb.). Illustrationen Wiebke Rauers und Cover.
170 Dressler: Hamburg 2016

166 Ulf K. Aus: Felline, Professor Paul und der Chemiebaukasten. Illustrationen Ulf K., Tulipan: Berlin 2007

142 **Barrie, James M.:** Niemalsland. Aus: Peter Pan, aus dem Englischen von Bernd Wilms © Cecilie Dressler Verlag: Hamburg 2001

155 **Bauer, Jutta:** Im watteweichen Wolkenhaus. Aus: Jutta Bauer und Konstantin Wecker: Es lebte ein Kind auf den Bäumen. Hanser: München 1999

92, **Belli, Gioconda:** Die Werkstatt der Schmetterlinge (gek.) und Cover,
170 Illustrationen von Wolf Erlbruch. Übersetzung von Anneliese Schwarzer. Peter Hammer: Wuppertal 2009

58 **Berbig, Renus:** Wo der Weihnachtsmann wohnt (bearb.). Aus: Unglaubliche Weihnachten. Deutscher Taschenbuch Verlag: München 2007

118 **Bertram, Ada:** Die drei Knödel (bearb.). Aus: Birgit Lockheimer und Sonja Bougaeva (Hg.): Zu Tisch! Das Hausbuch vom Essen und Trinken. Gerstenberg: Holdesheim 2013

64 **Binder, Dagmar:** Schneemann-Familie (Originaltitel: Schneemänner) (bearb.). Aus: Kunterbunt durchs ganze Jahr. Patmos: Düsseldorf 2000

96 **Blum, Lisa-Marie:** Kleiner Fuchs. Aus: Das Tigerauge. Thienemann: Stuttgart 1991

16 **Blume, Judy:** Jagd auf Lucas (bearb.). Aus: Luis und Amanda. Spinnenkackesuppe und der erste Halbgeburtstag der Weltgeschichte. Übersetzung von Brigitte Jakobeit. Tulipan: Berlin 2010

108 **Bongs, Rolf:** Erste Sonne. Aus: Hans-Joachim Gelberg (Hg.): Geh und spiel mit dem Riesen. Beltz & Gelberg: Weinheim und Basel 1971

95 **Brand, Christine und Heinz:** Meise heiß ich, aus: Wer ist der Spiegel der Nacht? Lappan: Oldenburg 2006

54 **Brasilianisches Volkslied:** Sternenlied. Übersetzt von Inès Koebel. Aus: Arche Kinderkalender 2016. Aus: Berimbau mandou te chamar. Organização Bia Hetzel. Rio de Janeiro: Manati Produções EDITORIAIS Ltda. 2008

42 **Brender, Irmela:** Abzählreim (bearb.). Aus: War mal ein Lama in Alabama. Allerhand Reime und Geschichten in Gedichten. Oetinger: Hamburg 2001

65 **Brinek, Günther:** So treiben wir den Winter aus ... (gek.), aus: Tu was! Domino: München Februar 1993

73 **Bröger, Achim:** Heute probieren wir's (bearb.). Aus: Geschwister ... nein danke!?, Arena: Würzburg 1999

30, **Brown, Peter:** Der neugierige Garten (bearb.), aus dem Amerika-
170 nischen von Nils Aulike und Illustrationen und Cover. © Bohem Press AG, CH-8001 Zürich 2014

37 **Brückner, Erna:** Der Streit. Aus: Eva-Maria Schmid: Lernwerkstatt „Aus Korn wird Brot". BVK Buch Verlag Kempen GmbH: Kempen 2003

22 **Bydlinski, Georg:** Allee im Herbst. © Georg Bydlinski

43 Ausreden in der Schule (bearb.). Aus: Das Gnu im linken Fußballschuh. Boje: Köln 2014

155 Vor dem Gewitter. Aus: Der Mond heißt heute Michel. Herder: Wien, Feiburg, Basel 1981

14 Wann Freunde wichtig sind. Aus: Das Gnu im linken Fußballschuh. Boje: Köln 2014

66, **Cali, Davide:** Wanda Walfisch (gek.) und Cover, Illustrationen von
170 Sonja Bougaeva. Übersetzung von Claudia Steinitz. © 2010 Atlantis, an imprint of Orell Füssli Verlag AG, Zürich

168, **Child, Lauren:** Das ist aber total mein Buch! Aus dem Englischen
170 von Karen Thilo. Fischer: Frankfurt am Main 2007

82 **Clormann-Lietz, Nora:** Langeweile? Tu was! (gek.). Aus: Hans-Joachim Gelberg: Großer Ozean. Beltz: Weinheim und Basel 2000

122, **Dahl, Roald:** Die große Kaugummi-Maschine (bearb.) und Cover.
170 Aus: Charlie und die Schokoladenfabrik. Überstzung von Inge M. Arlt und Hans Georg Lenzen. Rowohlt: Reinbek bei Hamburg 2005

187 **Degener, Udo:** Baum (bearb.). Aus: Wort Bild. Mitteldeutscher Verlag: Halle und Leipzig 1990

63 **Djadina, Galina:** Touristen (deutscher und russischer Text). Aus: Arche Kinderkalender 2016. Deutsch: Andreas Tretner. Aus: Galina Djadina, Uvažaemye Mandrykina. Moskva: lzd. Dom Meščerjakova 2013, © Galina Djadina

70 **Drvenkar, Zoran:** Eddies Geschichte (Originaltitel: Eddies erste Lügengeschichte) (bearb.). Carlsen: Hamburg 2009

150 **Duderstadt, Matthias:** Weit und kalt. Aus: Wörter im Wort. © Matthias Duderstadt, Bremen Juli 2010

62 **Dumon Tak, Bibi:** Der Eisbär. Aus: Eisbär, Elch und Eule, Von Schnee- und Eisbewohnern. Aus dem Niederländ. von Meike Blatnik. Bloomsbury: Berlin 2011

193 Die Jesus-Christus-Echse (gek.). Übersetzt von Meike Blatnik, © Copyright Illustrations Fleur van der Weel (2006) from Bibi's Bijzandere Beestenboek by Bibi Dumon Tak, Em. Querido`s Uitgeverij BV. © für die deutsche Ausgabe: arsEdition GmbH, München; 2009 erschienen im Bloomsbury Verlag GmbH, Berlin

119 **Ende, Michael:** Ein sehr kurzes Märchen. Aus: Birgit Lockheimer und Sonja Bougaeva (Hg.): Zu Tisch! Das Hausbuch vom Essen und Trinken. Gerstenberg: Holdesheim 2013

59 **Erhardt, Heinz:** Ein Weihnachtslied. Aus: Das große Heinz-Erhardt-Buch. Lappan: Oldenburg 2003

46 Warum die Zitronen sauer wurden. Aus: Es war einmal ein buntes Ding: Gedichte für Kinder. Lappan: Oldenburg 2009

135, **Feibel, Thomas:** Wofür brauche ich (k)ein Handy? bearb. Aus:
170 Smartphones, aber richtig! Sicher Nutzung von Handys und Smartphones. Illustrationen von Claas Janssen und Cover. Ravensburger Buchverlag Otto Maier GmbH: Ravensburg 2014

4, **Fühmann, Franz:** Anna, genannt Humpelhexe (bearb.) und Cover,
170 Illustrationen von Jacky Gleich. Hinstorff: Rostock 2002

84 **Goscinny, René:** Luise (bearb.), aus: Der kleine Nick und die Mädchen, Illustrationen von Jean-Jacques Sempé. Aus dem Französischen von Hans-Georg Lenzen. Copyright der deutschsprachigen Ausgabe © 1976, 2000 Diogenes Verlag AG Zürich

56 **Guggenmos, Josef:** Kalter Tag, aus: Hans-Joachim Gelberg (Hg.): Großer Ozean. Beltz: Weinheim und Basel 2000

26 nach Josef Guggenmos: Warum es keine Weihnachtslärche gibt (bearb.). Aus: Dagmar Binder (Hg.): Wenn die Blätter tanzen. Sauerländer: Düsseldorf 2007, © Josef Guggenmos

131 **Haikal, Mustafa:** Die Computermaus (gek.). Aus: Hans-Joachim Gelberg Hg.): Wo kommen die Worte her? Neue Gedichte für Kinder und Erwachsene. Beltz& Gelberg in der Verlagsgruppe Beltz: Weinheim und Basel 2011

97 **Hannen, Katharina:** Perfekt versteckt (bearb.). Aus: Geolino.de, http://www.geo.de/geolino/natur-und-umwelt/11733-bstr-perfekt-versteckt#137693-img-, Zugriff 09.08.2016. G+J Wissen GmbH; Redaktion GEO.de; 20444 Hamburg

56 **Heidenreich, Karola:** Auf dürrem Ast. Aus: Hans-Joachim Gelberg (Hg.): Großer Ozean. Beltz & Gelberg: Weinheim und Basel 2000

109 **Hilgendorff, Anne:** Hatschi! (bearb.). Aus: Mich juckt es so! Georg Thieme Verlag KG: Stuttgart 2007

143 **Hoban, Russell:** Nicht mein Tag. Aus: Kreller, Susan (Hg.): Der beste Tag aller Zeiten. Weitgereiste Gedichte. Übersetzung Henning Ahrens und Claas Kazzer. Carlsen: Hamburg 2013

172 **Hohler, Franz:** Die Kreide und der Schwamm (bearb.). Aus: Das große Buch. Carl Hanser: München 2009

94 Es war einmal ein Igel. Carl Hanser Verlag: München 2011

127 **Holzwarth, Werner:** Mag ich! Gar nicht! (gek.) Klett Kinderbuch: Leipzig 2015

108 **Johansen, Hanna:** Ein Frosch. © Hanna Johansen

56 **Kaléko, Mascha:** Der Winter, aus: Die paar leuchtenden Jahre, © Deutscher Taschenbuch Verlag: München 2003

57 **Karnetzky, Eva:** Kunterbunte Weihnachtswünsche (gek.). Aus: Spiel mit, Heft 12, Dezember 2009. Family Media GmbH: Freiburg 2009

90 **Kästner, Erich:** Fauler Zauber. Aus: Das Schwein beim Frisör und andere Geschichten. Dressler: Hamburg 1962 © Atrium Verlag AG Zürich

104, **Kimura, Ken** (Text), Yasunari Murakami (Bilder): 999 Froschge-
170 schwister ziehen um (gek.) und Illustrationen und Cover. Aus dem Japanischen von Hana Christen. NordSüd Verlag: Zürich 2011

8 **Klein, Martin:** Der Neue (bearb.). Aus: Ein Schultag voller Abenteuer. Ravensburger Buchverlag: Ravensburg 2009

112 **Krekeler, Herman:** Das Gummi-Ei (bearb.). Aus: Spannende Experimente. Naturwissenschaften spielerisch erleben. © 2000, 2007 Ravensburger Buchverlag Otto Maier GmbH

80, **Krüss, James:** Es war einmal ein Kind. (gek.) Illustrationen von
170 Anke Kuhl und Cover. Boje Verlag, Stuttgart 2011

113 **Labbé:** Ein Säckchen zum Verschenken (Originaltitel: Duftsäckchen) (bearb.). Copyright © LABBÉ GmbH, D-50126 Bergheim

52, **Lagercrantz, Rose** (Text), Jutta Bauer (Bilder): Das Weihnachtskind
170 (bearb.) und Cover, aus dem Schwedischen von Angelika Kutsch. Moritz: Frankfurt am Main 2015

126 **Leitzgen, Anke M.:** Baaaaah, Grünkohl! Iiiiiihhh, Spinat! (bearb.). Foto: Lisa Rienermann. Aus: Entdecke, was dir schmeckt. Beltz & Gelberg in der Verlagsgruppe Beltz: Weinheim und Basel 2012

128, **Lestrade, Agnès de** (Text) und Valeria Docampo (Bilder): Die große
171 Wörterfabrik (bearb.) und Illustrationen und Cover. Übersetzung aus dem Französischen von Anna Taube. Mixtvision: München 2012

12 **Lobe, Mira:** Deutsch ist schwer. Aus: Gerri Zotter und Mira Lobe: Das Sprachbastelbuch: G & G Verlag: Wien 2005

10 **Ludwig, Sabine:** Miss Braitwhistle steht Kopf. Aus: Die fabelhafte Miss Braitwhistle. Cecilie Dressler Verlag, Hamburg 201

86 **Maar, Paul:** Das Faultier (gek.). Aus: JAguar und NEINguar. Gedichte von Paul Maar. Oetinger und 2007

7 Was ist das? Aus: Brand, Heinz und Christine: Keine Maus zu Haus? Das Bilderbuch der 111 Kindergedichte. Ravensburger Buchverlag: Ravensburg 2002

141 Zukunft. Aus: Hans-Joachim Gelberg (Hg.): Oder die Entdeckung der Welt. Beltz & Gelberg in der Verlagsgruppe Beltz: Weinheim und Basel 1997

134 **Mai, Manfred:** Alle haben eins (bearb.). Aus: Kunterbunte 1, 2, 3 Minutengeschichten. Ravensburger Buchverlag Otto Meier: Ravensburg 2006

6 Fühlen. Aus: Tausend Wünsche. Ravensburger Taschenbuch, Otto Maier Verlag, Ravensburg 1986

79 **Manz, Hans:** So sind Mädchen, so sind Jungen (Originaltitel: Der kleine Unterschied) (bearb.). Aus: Die Kunst, zwischen den Zeilen zu lesen. Beltz Verlag: Weinheim und Basel1978

51 **Moers, Walter:** Lügen-Duell (bearb.). Aus: Die 13 ½ Leben des Käpt'n Blaubär. Goldmann: München 2002

50 Käpt'n Blaubär, der Meister-Lügner (gek.). Aus: http://www.wdrmaus.de/kaeptnblaubaerseite/ „Zur Lügenwelt in den Salon"; Zugriff 08.04.2014; © WDR/Walter Moers

35, **Möller, Anne:** Über Land und durch die Luft. So reisen die Pflanzen.
171 (bearb.) und Ilustrationen und Cover. © 2007 Atlantis, an imprint of Orell Füssli Verlag AG, Zürich

18, Zehn Blätter fliegen davon (bearb.) und Cover, Illustrationen von
171 Anne Möller. © 2008 Atlantis, an imprint of Orell Füssli Verlag AG, Zürich

23 **La Fontaine:** Herbstwind und Sonne. Aus: Rosemarie Wildermuth (Hg.): Der Sonnenbogen. Übersetzung von Maria Aebersold. Ellermann: München 1979

132, **Naoura, Salah:** Star (bearb.) und Cover. Beltz & Gelberg in der
171 Verlagsgruppe Beltz: Weinheim und Basel 2013

113 **Neie, Rosemarie:** Von allen Müttern auf der Welt (Originaltitel: Muttertag) (gek.). Aus: Lislott Musil (Hg.): Es war so ein langer Tag. Auer: Donauwörth 1971

60 **Norwegisches Volksmärchen:** Das Kätzchen auf Dovre. Copyright der deutschsprachigen Übersetzung © 1987 Diogenes Verlag AG Zürich. Aus: Christian Strich (Hrsg.): Das große Märchenbuch. Diogenes Verlag AG: Zürich 1987

100 **Nöstlinger, Christine:** Ameisen. Aus: Das große Nöstlinger Lesebuch. Geschichten für Kinder. Beltz & Gelberg in der Verlagsgruppe Beltz: Weinheim und Basel 1996

76 **Obrecht, Bettina:** Jonas und Pablo (bearb.). Aus: Jonas lässt sich scheiden. Oetinger: Hamburg 1995

21 **Oftring, Bärbel:** Warum verlieren die Bäume ihre Blätter? Aus: Entdecke die Natur in Herbst und Winter. Ensslin im Arena Verlag: Würzburg 2004

25 Zapfen untersuchen (bearb.). Aus: 25 Natur-Abenteuer im Wald: Moses Verlag: Kempen 2009

151 **Pfleger, Ewald:** Ferienzeit (gek.). Aus: Reinhard Horn u.a. (Hg.): Klasse(n)-Hits - Das Liederbuch rund um die Schule. VBE Verlag NRW GmbH: Dortmund 1999

21 **Piumini, Roberto:** Herbst („Autunno"). Aus: Poesie Piccole, © 2001 Arnoldo Mondadori Editore, Mailand. Zitiert nach: Es war einmal ein Zweihorn. Aus dem Italienischen von Hedwig von Bülow. Sauerländer: Düsseldorf 2004

146, **Pope Osborne, Mary:** Das magische Baumhaus. Im Tal der
171 Dinosaurier (gek.) und Cover. Text © Mary Pope Osborne. Aus dem Amerikanischen von Sabine Rahn, Umschlagillustration: Jutta Knipping © für die deutsche Ausgabe Loewe: Bindlach 2000

40, **Postert, Petra** (Text) und Jens Rassmus (Bilder): Das brauch ich
171 alles noch! (bearb.) Illustrationen und Cover. Tulipan: München 2015

130 **Ramnek, Hugo:** Die Wörter (gek.). Aus: Hans-Joachim Gelberg Hg.): Wo kommen die Worte her? Neue Gedichte für Kinder und Erwachsene. Beltz& Gelberg in der Verlagsgruppe Beltz: Weinheim und Basel 2011

106 **Rautenberg, Arne:** frühling. Aus: der wind lässt tausend hütchen fliegen. Boje: Köln 2010

140 **Reger, Harald:** Die Zeit verrinnt. Aus: Kinderlyrik in der Grundschule. Schneider: Hohengehren 2000

107 **Ringelnatz, Joachim:** Das Ei. Aus: Sämtliche Gedichte. Diogenes: Zürich 2005

156, **Roeder, Annette:** Der Sommer, als wir den Esel zähmten (bearb.)
171 und Cover. cbj Kinder- und Jugendbuch Verlag in der Verlagsgruppe Random House: München 2015

38 **Russische Fabel:** Das leichte Brot (bearb.). Aus: Berta Hofberger (Hg.): Jetzt kommt noch ein Betthupferl. Ehrenwirth: München 1963

143 **Saint-Exupéry, Antoine de:** Zeit sparen. Aus: Der kleine Prinz. Übersetzung Susan Niessen. Loewe: Bindlach 2015

102 **Scheffler, Axel:** Hase und Igel (bearb.). Beltz Verlag: Weinheim und Basel 1998

46 **Schöne, Gerhard:** Woher die Kinder kommen. Aus: Hans-Joachim Gelberg (Hg.): Großer Ozean. Beltz: Weinheim und Basel 2000

144 **Schott, Hanna:** Fritzi war dabei (gek.). Klett Kinderbuch: Leipzig 2009

145 Zwei Deutschlands. Aus Fritzi war dabei (gek.). Klett Kinderbuch: Leipzig 2009

15 **Schubiger, Jürg:** Zwei Stifte. Aus Jürg Schubiger und Franz Hohler: Aller Anfang. Beltz und Gelberg: Weinheim und Basel 2006

120 **Schütze, Andrea:** Wieso schmeckt bei Schnupfen alles gleich? (bearb.). Aus: Warum klappern wir mit den Zähnen? Vorlesegeschichten rund um unseren Körper. ellermann im Dressler Verlag GmbH: Hamburg 2014

15 **Schwarz, Regina:** Keine Freundschaft. Aus: Hans-Joachim Gelberg (Hg.): Großer Ozean. Beltz: Weinheim und Basel 2000

7 Rate mal, wer trifft sich hier? Aus: Zungenbrecher, Sprachsalat, Mitmachreime, Quatschspinat. © 2013 Ravensburger Buchverlag Otto Maier

69 Verwandte. Aus: Das große „spielen und lernen" Jahrbuch für Kinder. Meine Familie, deine Familie. © Family Media GmbH und Co. KG, Freiburg im Breisgau 2006

44 **Scieszka, Jon:** Kwatsch (gek.). Aus: Kwatsch (Julius P.). Übersetzung von Sophie Birkenstädt. Carlsen: Hamburg 2003

13 **Siege, Nasrin:** Das Bauchweh (gek.). Aus: Hans-Joachim Gelberg (Hg.): Die Erde ist mein Haus. Beltz: Weinheim und Basel 1988

72 **Spohn, Jürgen:** Ich. Aus: Drunter & drüber. Verse zum Vorsagen, Nachsagen, Weitersagen. Bertelsmann: München 1996

159 **Stegers, Philip:** Schöne Ferien (Text und Musik) (gek.). Aus: Die Zeit, Kinderheft Nr. 2, 2010. Zeitverlag Gerd Bucerius GmbH & Co.: Hamburg 2010

130 **Stengel, Hansgeorg** und Karl Schrader: Der fernsehverrückte Fritz (Originaltitel: Der fernsehverrückte Frank) (bearb.). Aus: So ein Struwlpeter. Der Kinderbuchverlag in der Verlagsgruppe Beltz: Weinheim und Basel 2003

34 **tinkerbrain** (Anke M. Leitzgen und Gesine Grotrian): Wie lasse ich Pflanzen im Haus erobern? (bearb.) Aus: Wie atmen Regenwürmer? Ungewöhnliche Experimente. Beltz & Gelberg in der Verlagsgruppe Beltz: Weinheim und Basel 2015

32 **Trojan, Johannes:** Das Korn. Aus: Klein, Richard, Rudolf: Willkommen, lieber Tag. Bd. 1 Alte und neue Kinderlieder für die Grundschule. © 1964 Verlag Moritz Diesterweg, Frankfurt am Main

77 **Tuckermann, Anja:** Meine ganze Familie (gek.). Aus: Ein Buch für Yunus. dtv Reihe Hanser: München 2008

114, **Ungerer, Tomi:** Zeraldas Riese (bearb.) und Illustration und Cover.
171 Diogenes: Zürich 1970

148, **Waechter, Philip:** Endlich wieder zelten! Beltz & Gelberg in der
171 Verlagsgruppe Beltz: Weinheim und Basel 2015

116 **Wagerer, Wolfgang:** Nach-Speise. © Wolfgang Wagerer.

24 Wiese, Luise: Geistertipps (bearb.). Aus: Das Herbst-Mitmachbuch. Christophorus Verlag, Freiburg im Breisgau 2003

91 **Wilkens, Johnny:** Zaubertrick: Fakirbeutel. Aus: Wie man einem Außerirdischen begegnet, ein Floß baut und in der Wildnis überlebt. Beltz: Weinheim und Basel 2009

98, **Willis, Jeanne** (Text) und Tony Ross (Bilder): Kopf hoch, Fleder-
171 maus! (beab.) und Illustrationen und Cover. Übersetzt von Stephanie Menge. Englische Originalausgabe: Daft Bat. Andersen Press, London 2006, Deutsche Übersetzung Patmos Verlag, Sauerländer: Düsseldorf 2008

14 **Wittkamp, Frantz:** Du bist da und ich bin hier (gek.). Aus: Hans-Joachim Gelberg (Hg.): Großer Ozean. Beltz: Weinheim und Basel 2000

116 Menschenfresser (Original ohne Titel). © Frantz Wittkamp.

94 Morgen trägt mich der Sommerwind. Aus: Heinz Brand (Hg.): Ach, du liebe Zeit! Lappan: Oldenburg 2007

140 Sekundenkleber. Aus: Anton G. Leitner (Hg.): Das Gedicht. Alle meine Kinder. Die Poesie der ersten Jahre. Anton G. Leitner Verlag: Weißling 2005. © Frantz Wittkamp

55 **Wolf, Ror:** Wetterverhältnisse. Aus: Friedmar Apel (Hg.): Im Zustand vergrößerter Ruhe. Ror Wolf Werke, Die Gedichte. Schöffling & Co. 1996, 2007, 2009

110 **Wolfrum, Silke** und Mascha Greune: Eierlieferant gesucht! (Originaltitel: Warum bringen Hasen die Ostereier?) (bearb.). Aus: Gecko Kinderzeitschrift – Lesespaß für Klein und Groß, Heft 46 - März/April 2015. © 2015 Edition Loris – Rathje, Elbel, Wiedemann GbR, München

51 **Zauleck, Franz:** Faltfisch (gek.), aus: Im Zwölfminutenwald. Ernst Klett: Leipzig 2002

82 Lustige Augen (bearb.). Aus: Dein Spiegel, Nr.8/2015 © SPIEGEL-Verlag Rudolf Augstein GmbH & Co.KG

117 Ein Mops lief in die Küche. Text und Melodie volkstümlich, bearbeitet durch die Cornelsen-Redaktion

Fotos und Bilder

Cover stock.adobe/Uros Petrovic; Fotolia/© mayakova

19 „Dix feuilles volantes", französische Lizenzausgabe von Möller, Anne: Zehn Blätter fliegen davon. © 2008 Atlantis, an imprint of Orell Füssli Verlag AG, Zürich; © 2009 l'école des loisirs, Paris
„Met de herftswind mee", holländische Lizenzausgabe von: Möller, Anne: Zehn Blätter fliegen davon. © 2008 Atlantis, an imprint of Orell Füssli Verlag AG, Zürich; © 2008 De Vier Windsterken, Rijswijk, The Nederlands

22 © Peanuts Worldwide LLC/Distr. Universal Uclick/Distr. Bulls

34 Fotografie: Thekla Ehling, Gesine Grotrian, Anke M. Leitzgen, Petra Stockhausen

36 o.: Fotolia/© Kalle Kolodziej; Mitte o.: Fotolia/© celeste clochard; Mitte u.: Shutterstock / IngridHS; u.: © StockFood / Richards, Charlie

64 Karoline Kehr, Hamburg

65 Bildagentur Geduldig

68 Damm, Antje: Was bin ich? Aus: Hans-Joachim Gelberg (Hg.): Wo kommen die Worte her? Neue Gedichte für Kinder und Erwachsene. Beltz & Gelberg in der Verlagsgruppe Beltz: Weinheim und Basel 2011

78 © Watterson/Distr. Universal Uclick/Distr. Bulls

82 u.: Karoline Kehr, Hamburg

83 o. li.: Shutterstock/David Orcea; o. re.: Shutterstock/Lisa F. Young; u. li.: Fotolia/© Andreas Wolf; u. re.: Shutterstock/Gelpi JM

85, Goscinny, René (Autor), Jean-Jaques Sempé (Autor), Rufus Beck
171 (Sprecher), Hans Georg Lenzen (Übersetzer): Der kleine Nick: Die besten Geschichten. Diogenes Hörbuch. Audio CD Diogenes 24. Juli 2012

96 li.: imago; Mitte: INTERFOTO / Danita Delimont / Rolf Nussbaumer; re.: Fotolia/© silentforce

97 o.: mauritius images / Christian Hütter; Mitte: Fotolia/© wideworld; u.: mauritius images / Christopher Smith

121 Alexandra Maxeiner (Autorin) und Anke Kuhl (Illustratorin): Alles lecker! Klett Kinderbuch: Leipzig 2012

139, Batscheit, Martin u. a.: Nur ein Tag. Hörspiel. Oetinger Media GmbH
171 21. Juli 2014

141 li.: picture alliance / DB dpa;
Mitte: picture alliance / ZB / ddrbildarchiv.de;
re.: picture-alliance/ dpa-Report / Andreas Engelhardt

144 picture-alliance / dpa/Frank Leonhardt

162 o.: Andreas Jung, Düsseldorf; Mitte: Ulf K., Düsseldorf

164, Baltscheit, Martin: Felline, Professor Paul und der Chemiebaukasten.
166 Illustrationen Ulf K., Tulipan: Berlin 2007

167 Ulf K., Düsseldorf

171 Stockmann / Der Flunkerfisch. Mit Songs auf Deutsch und Englisch gesprochen und gesungen von Ilona Schulz. © Hör Company 2010

178 Fotolia/© Brian Jackson

Auflösungen

Seite 7	Freunde; Hand; Teekesselchen: Note
Seite 20	Teekesselchen: Gänsehaut; Rätsel: Urlaub
Seite 32	Brennnessel, Pusteblume, Schneeglöckchen
Seite 33	Teekesselchen: Strauß
Seite 42	Teekesselchen: Ente
Seite 43	1. gelogen, 2. gelogen, 3. wahr, 4. wahr, 5. gelogen
Seite 47	Gelogen sind die Spaghetti-Ernte und die Achterbahn für Hunde. Wahr ist, dass ein Mann in Großbritannien mit seinen Ohren einen Bus gezogen hat.
Seite 54	Teekesselchen: Decke
Seite 68	Teekesselchen: Hamburger
Seite 76	1. Onkel, 2. Oma, 3. Cousine
Seite 82	Teekesselchen: Dame
Seite 94	Indianermotte, Upsfalter und Xylofonbrummer gibt es nicht.
Seite 95	Meise = Ameise; Teekesselchen: Schlange
Seite 106	Teekesselchen: Löffel
Seite 116	Teekesselchen: Bienenstich
Seite 117	Rätsel: Nachtisch
Seite 130	Teekesselchen: Maus
Seite 131	LUSTIG
Seite 140	Teekesselchen: Fliege
Seite 150	Teekesselchen: Hering
Seite 162	Teekesselchen: Seite / Saite

Jo-Jo

Lesebuch 3

Erarbeitet von	Katja Eder, Silke Fokken, Tanja Glatz, Manuela Hantschel, Nicola Kiwitt
Unter Einbeziehung der Ausgabe von	Katja Eder, Silke Fokken, Tanja Glatz, Erna Hattendorf, Martin Wörner
Beratung von	Stephanie Aschenbrandt (Berlin), Katharina Böer (Wedemark), Gabriele Janyska (Gütersloh), Katharina Mowitz (Detmold), Monika Reiff (Tübingen), Nicole Wolters (Mönchengladbach)
Redaktion	Dr. Birgit Waberski
Illustrationen	Lars Baus, Imke Sönnichsen
Umschlagillustration	Barbara Jung
Covergestaltung	Cornelsen Verlag GmbH
Gesamtgestaltung und technische Umsetzung	Heike Börner

www.cornelsen.de

Soweit in diesem Lehrwerk Personen fotografisch abgebildet sind und ihnen von der Redaktion fiktive Namen, Berufe, Dialoge und Ähnliches zugeordnet oder diese Personen in bestimmte Kontexte gesetzt werden, dienen diese Zuordnungen und Darstellungen ausschließlich der Veranschaulichung und dem besseren Verständnis des Inhalts.

Aus didaktischen Gründen wurden Texte gekürzt / verändert.

2. Auflage, 3. Druck 2023

Alle Drucke dieser Auflage sind inhaltlich unverändert und können im Unterricht nebeneinander verwendet werden.

© 2017 Cornelsen Verlag GmbH, Berlin

Druck: Mohn Media Mohndruck, Gütersloh

ISBN 978-3-06-080832-8 (Schülerbuch)
ISBN 978-3-06-081063-5 (E-Book)

PEFC zertifiziert
Dieses Produkt stammt aus nachhaltig bewirtschafteten Wäldern und kontrollierten Quellen.

PEFC
PEFC/04-31-1033

www.pefc.de